Aemilius William Zetsche

Über den I. Teil der Bearbeitung des roman de Brut des Wace

Aemilius William Zetsche

Über den I. Teil der Bearbeitung des roman de Brut des Wace

ISBN/EAN: 9783337248727

Hergestellt in Europa, USA, Kanada, Australien, Japan

Cover: Foto ©Thomas Meinert / pixelio.de

Weitere Bücher finden Sie auf **www.hansebooks.com**

Über den I. Teil der Bearbeitung

des

„roman de Brut" des Wace

durch

Robert Mannyng of Brunne.

Inaugural-Dissertation

zur

Erlangung der philosophischen Doktorwürde

an der

Universität Leipzig

vorgelegt

von

Aemilius William Zetsche.

Reudnitz-Leipzig.

Druck von Max Hoffmann.

1887.

Meinem lieben Vater

in Dankbarkeit

zugeeignet.

Inhaltsverzeichnis.

I. Robert Mannyng of Brunne, sein Leben, seine Werke.

Die wenigen Aufschlüsse, die wir über das Leben und Wirken unsers Dichters haben, verdanken wir ihm selbst. In dem Prolog zu seiner Chronik nennt er sich Robert Mannyng of Brunne v. 135—36:[1])

> **Of Brunne I am, if any me blame**
> **Robert Mannyng is my name.**

Aus diesen Worten ist der Schluss berechtigt, dass Brunne sein Geburtsort ist. Brunne ist das jetzige Bourne bei Deeping in Lincolnshire. Hier wurde zur Zeit Heinrichs I. von Baldwin de Wake ein Kloster gegründet und dem heiligen Petrus gewidmet. [2]) Nach Robert Watt's „bibliotheca Britannica" trat Robert in den Orden der „black canons" zu Brunne ungefähr 1288 ein, und daraus schliesst dann Watt rückwärts auf Robert's Geburtsjahr, das er vor 1270 setzt. Dies ist die einzige Nachricht, die uns über unsern Dichter hinterlassen ist. Nicht einmal der berühmte Altertumsforscher Leland, der unter Heinrich VIII. die Klöster besuchte und die alten hss. sammelte, thut seiner Erwähnung, obwohl er auf seiner Inspectionsreise auch Brunne besuchte. [3]) Obwohl Robert Mannyng seiner Zeit recht wohl bekannt war, so wurde er doch später vergessen und als unbedeutend zur Seite liegen gelassen. Ob Robert je in dem Kloster seiner Vaterstadt gelebt hat, kann man nicht beweisen. Dagegen haben wir in dem Prolog zu seinem ersten grossen Werke „Handlyng Synne",[4]) das er nach dem „Manuel des pechiez" des William of Waddington in's Englische übertrug, einen sicheren Anhaltspunkt dafür, dass unser Dichter 15 Jahre in Sympringham wirkte:

---

[1]) Alle Citate sind nach meiner Ausgabe der Brunne'schen Chronik in der Anglia IX, pag. 43—194 gemacht.

[2]) Mon. Angl. tom. II. pag. 235.

[3]) Lelandi Collectanea tom IV. pag. 31.

[4]) Robert of Brunne's „Handlyng Synne" (written about A. D. 1303), with the French treatise on which it is founded „Le manuel des pechiez" by William of Waddington. Now first printed from Mss. in the British Museum and Bodlean libraries by J. G. Furnivall, London 1862.

To alle Crystyn men undir sunne,
And to gode men of Brunne;
And speciali, alle be name
The felaushepe of Sympryngham,
Roberd of Brunne greteth yow,
In al godenesse that may to prow.
Of Brymwake yn Kestevene
Syxe myle besyde Sympringham evene,
Y dwelled yn the pryorye
Fyftene yere yn conpanye,
In the tyme of gode Dane Ione
Of Camelton, that now ys gone;
In hys tyme was Y there ten yeres,
And knewe and herde of hys maneres;
Sythyn wyth Dane Ione of Clyntone
Fyve wyntyr wyth hym gan Y wone.
Dane Felyp was mayster that tyme
That y began thys Englyssh ryme,
The yeres of grace fyl than to be
A thousand and thre hundred and thre.

und zwar 10 Jahre unter Dane Ione of Camelton und nach dessen Tode 5 Jahre unter Dane Ione of Clyntone.

Im Jahre 1303 begann er, während Dane Felyp Prior von Sympringham war, seine „Handlyng Synne“. Er muss infolge des besonderen Grusses an die „felaushepe of Sympryngham“ in diesem Jahre bereits zu „Brymwake yn Kestevene“, 6 Meilen von seinem früheren Aufenthaltsorte, gelebt haben. Wir erhalten also auch hier keinen bestimmten Anhaltspunkt für seine Eintrittszeit in das Kloster zu Sympringham. Hätte Brunne sofort nach seiner Übersiedelung nach Brymwake sein Werk begonnen, so erhielten wir 1288 als Eintrittsjahr unseres Dichters in das Kloster zu Sympringham. Hiermit fiele somit die oben angeführte Ansicht Watt's, dass unser Dichter „ungefähr 1288“ in das Kloster zu Brunne eingetreten sei.

In der ganzen Folgezeit hören wir nichts über sein Thun und Schaffen als dass er 1338 seine Chronik beendete. Das Inner Temple Ms. 511, 7 endet so:

„Now most I nede leve here of Inglis forto write,
I had no more matere of kynges lif in scrite,
If I had haved more, blithly I wild haf writen.
What tyme I left this lore the day is forto witen:

Idus that is of May left I to write this ryme
B[1]) letter and Friday bi IX that yere yede prime".

Darauf folgt in roter Tinte als Schluss:

Expliciunt gesta Britonum et Anglorum in lingua materna per Robertum Mannyng transumpta. Anno Cristi millesimo trecentesimo tricesimo VIII. Idus May litera dominicali D prima IX. tempore regis Edwardi tertii a conquestu XI⁰. Hiernach ist also die Chronik Freitag den 15. Mai 1338,[2]) Nachmittags zwischen 3 und 4 Uhr vollendet.

Eine wichtige Angabe finden wir über Robert noch im Prolog zu seiner Chronik v. 139—144:

In the thrid Edwardes tyme was I,
Whene I wrote alle this story.
In the hous of Sixille I was a throwe;
Danz Robert of Maltone that ye know
Did it wryte for felawes sake,
Whenne thai wild solace make.

Aus den Versen 139 — 140 erhalten wir einen terminus a quo für die Abfassungszeit unserer Chronik. Edward III. kam 1327 zur Regierung, es kann also vor 1327 die Chronik nicht begonnen sein.

Ferner muss der Dichter vor oder während der Abfassungszeit der Chronik auf kurze Zeit im Kloster zu Sixille[3]) gewesen sein bei Róbert of Maltone, der ihn zur Übersetzung veranlasste. Eine weitere Perspective eröffnet sich aber auch hieraus nicht,

---

[1]) B ist ein Versehen des Schreibers für D, da das Jahr 1338 die Sonnenzirkelzahl 8 hat, wie sich aus folgender Rechnung ergiebt:

1338 + 9 = 1347 : 28 = 48
227
3

Es fällt also für das Jahr 1338 der 1. Jan. auf einen Donnerstag nach der von Dionysius Exiguus aufgestellten Tabelle, die für alle mittelalterlichen Klosterchroniken massgebend ist. Der Donnerstag hat also den Buchstaben A und demnach ist D der Sonntagsbuchstabe für das Jahr 1338.

[2]) Mätzner „Altenglische Sprachproben", Berlin 1867, I. Bd. pag. 296 giebt fälschlicher Weise die „Iden des März 1338" an.

Ferner ist auch zu berichtigen Warton, „History of English Poetry" ed. by W. Carew Hazlitt, London 1871, vol. II. pag. 75, Anmerkung 6: So that the poet finished his work, upon which he had probably been engaged for some years, upon Friday, the 15th May 1339. Ritson.

[3]) Mon. Ang. tom. II. pag. 810: a Gilbertine Priory in Lincolnshire, founded by one Grelei, or Grelle, in the time of King John, and dedicated to the Blessed Virgin Mary.

denn dieser Robert of Maltone ist uns ebenfalls unbekannt, nur soviel ist sicher, dass er nicht identisch ist mit unserem Dichter, wie Thomas Hearne [1]) und Ellis [2]) meinten.

Ein 3. Werk, das Robert zugeschrieben wird, ist eine Übersetzung der „Vita Christi" vom Cardinal John Bonaventura unter dem Titel „Medytacyuns of the soper of oure lorde Jhesu. And also of hys passyun. And eke of the peynes of hys swete modyr, mayden marye. The whyche made yn latyn Bonauenture Cardynall". [3]) Für Brunne's Verfasserschaft spricht vor allem der Umstand, dass das Stück sich in den beiden bekannten hss. [Harl. Ms. 1701, Bodl. Ms. 415] mit „Handlyng Synne" zusammen findet. T. L. Kington Oliphant „The Sources of Standard English" hat auch in der Ausdrucksweise eine Übereinstimmung nachgewiesen. [4])

Dies ist Alles, was über das Leben unsers Dichters gesagt werden kann; sein Todesjahr ist ebenso wie sein Geburtsjahr in Dunkel gehüllt. [5])

Was Robert's Stil angeht, so ist derselbe klar und leicht verständlich. weil er für den Laienstand schreibt v. 6:

Not for the lerid bot for the lewed

v. 125—26: On light lange I it beganne
For luf of the lewed manne.

In schmuckloser Sprache, so einfach wie er kann, schreibt er seine Chronik nicht für die „seggers" und „harpours", sondern aus „luf of symple men". Dabei ist sein Sinn nicht darauf gerichtet, sich Ruhm zu erwerben, sondern den Laien einen Dienst zu erweisen v. 83—84:

I mad it not forto be praysed
Bot at the lewed menne were aysed.

---

[1]) Peter Langtoft's chronicle (as illustrated and improv'd by Robert of Brunne) from the death of Cadwalader to the end of K. Edward the First's reign, ed. by Thomas Hearne. Oxford 1725. Praefacio pag. 32.

[2]) Warton „History of English Poetry" ed. by W. Carew Hazlitt, London 1871, vol. II. pag. 72 gibt Ellis zu den oben citirten Versen 139—144 folgende Note: By this passage he seems to mean that he was born at a place called Malton; that he had resided some time in a house in the neighbourhood called Sixhill; and that there he, Robert de Brunne, had composed at least a part of his poem during the reign of Edward III.

[3]) ed. by J. M. Cowper, London 1875.

[4]) Ausgabe v. J. M. Cowper, London 1875, pag. XVII—XVIII.

[5]) R. Morris „Specimens of Early English", Oxford 1872, giebt als Geburtsjahr ca. 1260, als Todesjahr ca. 1340 an, aber ohne dies näher zu begründen.

Indem er sich so der Fassungskraft derselben anpasst, verwirft er das „strange Inglis“ des Ercildoun und Kendale,[1]) die durch hochtrabende, schwülstige Ausdrucksweise und absurde Reimkünstelei den Sinn ihrer Hörer verwirrten. Von ihren „songs“ und „sedgeyng tales“, die einander wie das französische „chanson“ und „roman“ gegenübergestellt werden, sind uns aber keine erhalten, wenn wir nicht, wie Walter Scott es thut, Ercildoun als Verfasser des Sir Tristrem[2]) annehmen wollen.

Aus dem Prolog zu seiner Chronik können wir nun auch auf Robert's Charakter Schlüsse machen. Da er sein Werk schrieb, um die Leser zu ergötzen und aufzuheitern beim Lesen der Thaten ihrer Könige, und es für solche bestimmte, die zur Freude und zum Vergnügen zusammentreffen v. 9—10:

Forto haf solace and gamen
In felawship whenne thai sitt samen.

so sind wir berechtigt anzunehmen, dass der Dichter selbst von heiterer Laune und gutem Humor gern glücklich und fröhlich war mit den Fröhlichen. Von Natur aus ein Freund der Tugend wird er durch seinen langjährigen Aufenthalt im Kloster ein um

---

1) Irving „History of Scotish Poetry“ ed. by J. A. Carlyle, Edinburg 1861, pag. 49, Anmerkung 2: „Kendal is the name of a considerable town in Westmoreland; and from this town it is highly probable that the poet mentioned by Robert of Brunne may have derived his appellation. The industrions Ritson could not discover any other vestige of his History. (Bibliographia poetica pag. 13.)

2) I was at Erceldoune.
With Tomas spak Y thare;
Ther herd Y rede in roune,
Who Tristrem gat and bare;
Who was king with croun.
And who him forsterd yare;
And who was bold baroun,
As thair elders ware,
Bi yere.
Tomas telles in toun
This auentours as thai ware.

Irving „History of Scotish poetry“ ed. by J. A. Carlyle, Edinburg 1861, pag. 50 bemerkt zu dieser 1. Stanze des „Sir Tristrem:“ If Thomas of Erceldoune was the author of the poem, why should he introduce himself in this unusual manner? Why should he adopt a mode of expression so remote from that of a writer who might have been expected to appear in his own character? We cannot but entertain a strong suspicion that this is the language of another poet, who borrowed his materials; but it may not perhaps be considered as altogether absurd to suppose that he was nevertheless the real author, and that he had recourse to this method of recording his own claims.

so strengerer Beobachter seiner selbst. Trotz dieses Lebens in klösterlicher Zurückgezogenheit ist er kein Frömmler, sein Herz liegt offen zu Tage und ist gefüllt mit Liebe für den einfachen Mann.

II. Verhältnis seiner Chronik zur Quelle nebst Bezugnahme auf den „Münchener Brut“ und „Laȝamon's Brut“ in den Abweichungen beider.

Ebenso wie Robert uns in seinem Prolog Aufschlüsse giebt über seine Person, so führt er auch die Quellen an, die ihm bei der Abfassung seiner Chronik als Vorlage dienten. Seine Chronik besteht aus 2 Teilen und zwar ist der „roman de Brut“ des Wace [1]) die Vorlage zum 1. Theil. Dieser reicht bis zum Tode Cadwaladers, der 689 erfolgte v. 57—60:

One mayster Wace the Frankes telles,
The Brute alle that the Latyn spelles
Fro Eneas tille Cadwaladre,
This mayster Wace ther leves he.

Der 2. Teil umfasst die Zeit vom Tode Cadwaladers bis zum Jahre 1307, dem Todesjahre Edward's I. Dieser Teil ist die Bearbeitung der Chronik des Peter Langtoft, der Kanonikus zu Brydlyngton in Yorkshire war.

Im Prolog zum 2. Theil heisst es:

Peres of Langtofte, a chanoun,
Schaven y the hous of Brydlyngtoun
On Romaunce al thys story he wrot
Of Englische kynges, as we wel wot.
He wrot ther dedes alle that they wrought,
After hym in Englische y hit brought.

Die Übertragung französischer Werke war deshalb notwendig geworden, weil dem Laienstande das Französische nicht mehr geläufig war. Zeugnisse für diese Thatsache haben wir zum Beispiel im „Cursur o the world“, ed. v. R. Morris, London 1874 und in der „Romance of William of Palerme“ ed. v. W. Skeat, London 1867. Selbst unser Dichter bekennt in der Fortsetzung des obigen Prologs, dass er kein Meister dieser Sprache sei, sondern sie nur dem Sinne nach verstehe:

---

[1]) Le roman de Brut par Wace ed. v. Le Roux de Lincy, Rouen 1836—38, 2 vols.

Of his meninge y wot the weye,
But his fair speche can y nought seye.
I am nought worthy open his boke
For no connynge theron to loke,
Bot forto schewe his mykel wyte
On my spekynge that ys but skyte.

Da nun der Dichter seinem in V. 61—62 gemachten Ausspruch treu bleibt:

„And ryght as mayster Wace says,
I telle myn Inglis the same ways“,

so können wir von einer genauen Inhaltsangabe der Chronik absehen und uns darauf beschränken, nur die Abweichungen von seinem Gewährsmann Wace anzugeben.

Was zunächst den Anfang anbelangt, so sind die Verse 1—730 eine Hinzufügung unsers Dichters. Wace beginnt seinen „roman de Brut“ mit der Flucht des Eneas von den Trümmern des zerstörten Ilion. Unser Dichter begnügt sich nicht mit diesem Anfange, sondern er giebt uns in den Versen 1 — 200 einen Prolog, in dem er uns, wie wir oben sahen, über seine Person und teilweise auch über seine Quellen aufklärt. In V. 201—730 giebt er in breiter Weise eine bis auf Noe zurückgeführte Genealogie des Brutus, ergreift bei der Verteilung der Erde unter Noe's Söhne die Gelegenheit, auch seine geographischen Kenntnisse leuchten zu lassen und erzählt die Veranlassung zum trojanischen Kriege, der die Flucht des Eneas zur Folge hatte. Das Bestreben, die Geschichte bis auf die Schöpfung der Welt zurückzuführen und die Abstammung von den Trojanern herzuleiten, finden wir auch sonst bei alten Chronisten. So finden wir z. B. bei Gregor v. Tours und Fredegar die Abstammung der Franken von den Trojanern ebenso verbürgt, wie hier die der Bewohner Britanniens. Unter den britischen Chronisten ist Nennius der erste, der die Trojanersage hat, und dieser hat auch bei der Brunne'schen Chronik als Vorlage gedient. In dem „Eulogium Britanniae sive Historia Britonum auctore Nennio“ (ed. v. Petrie) heisst es im cap. III der hs. R.:[1])

Sic ordinatur genealogia Eneae et Priami qui expugnatur in Troja. Jupiter Saturni filius Coelii filii, vir magni ingenii in Creta fuit insula,

[1]) Der Grund, weshalb ich nicht nach der in Deutschland zugänglichsten Ausgabe des Nennius von San Marte, Berlin 1844, citiere, liegt darin, dass derselben der Text derjenigen hs. zu Grunde gelegt ist, die am ältesten ist und daher die wenigsten oder noch gar keine Interpolationen hat. Unserem Dichter muss aber eine jüngere hs. vorgelegen haben, da er gerade die Interpolation der hs. R. (bei Petrie) und die von Petrie zu Grunde gelegte hs. (cap. XII) in ausgiebiger Weise benutzt hat.

et habuit duas uxores, Majam scilicet et Electram, Athlantis filias, a quo Mons Athlas nominatur. Genuit Jupiter Mercurium ex Maja, et Dardanum ex Electra. Mercurius itaque ipse omnium Graecorum est origo. Dardanus vero origo Trojanorum fuit. Fuit autem apud Jovem amor major Majae filii. Dardanus namque, ex responso Deorum, locum mutans ab Italia, per Traciam Samo dilatus est quam Samotraciam nominavit. Ex quo natus est Erictonius, qui quidem iisdem regnavit locis. Ex Erictonio Tros, qui in justitia et pietate laudabilis fuit; isque ut memoriam nominis sui faceret eternam urbem Trojam suo nomine appellari jussit. Tros duos filios habuit, Ilium et Assaracum, a quo Ilio Ilium dictum est et Troya. Ilii hic Laomedon filius fuit. Ex Laomedonte Priamus natus est qui expugnatus est in Troja. Assaracus vero genuit Capis, Capis Anchisen, Anchises Aeneam procreavit, Eneas Aschanium, Aschanius Silvium, Silvius Brutum, a quo Britones dicuntur et originem ducunt. Genealogia utrorumque ita retrorsum revolvitur. Priamus filius Laomedontis, filii Yli, filii Troji, filii Ericthonii, filii Dardani, filii Jovis, filii Saturni, filii Coelii. Item Brutus filius Silvii, filii Aschanii, filii Aeneae, filii Trois, filii Ericthonii, filii Dardani, filii Jovis, filii Saturni, filii Coelii.

In diesem Abschnitte haben wir die bis auf Coelius zurückgeführte Genealogie des Brutus vor uns. Brunne führt dieselbe durch Cretus, Cyprius, Setym, Javan, Japhet zurück bis auf Noe, sodass er uns folgende Geschlechtstafel zur Kenntnisnahme vorlegt:

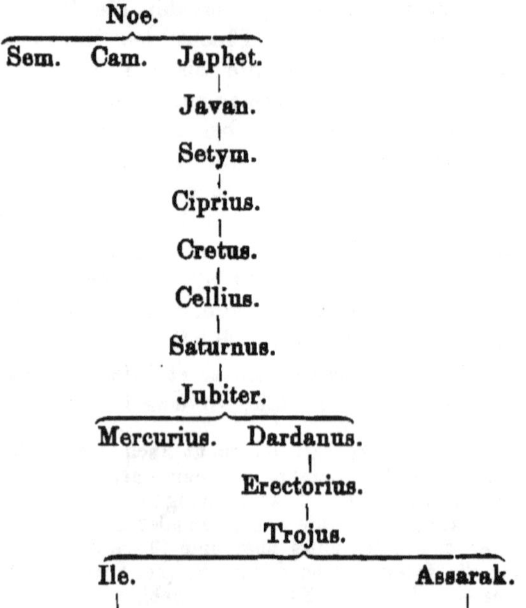

Ile.
|
Laomedon.

Priamus. Volcontus. Ysypilus. Esiona.
|
7 Söhne: Ector, Alysaundre, Parys, Deyphebus, Elenuus, Troye, Amphimacus.
2 Töchter: Cassandra, Pollixena.

Assarak.
|
Kapes.
|
Enches.
|
Eneas.
|
Ascanius.
|
Sysillius.
|
Brutus.

Dabei hat sich unser Dichter einige kleine Freiheiten erlaubt, die zum Teil wohl auf Rechnung des Schreibers zu setzen sind. Er schreibt anstatt Coelius Cellius, anstatt Erectorius auch Eryctonius (V. 401) und Erycton (V. 402), anstatt Trojus auch Troye (V. 329), Trojes (V. 401) und Troyus (V. 417), anstatt Enches auch Enchise (V. 397) und Enchies (V. 398), anstatt Silvius auch Ascane Silvius (V. 380), Cicillius (V. 394), Sisillius (V. 834) und Sysilly (V. 835).

Auch seine geographischen Kenntnisse hat Robert aus derselben Quelle geschöpft. Im Cap. XII heisst es:

Tres filii Noe diviserunt orbem in tres partes primo post Diluvium. Sem regnavit in Asia, Cham in Affrica, Japhet in Europa. Sic dilataverunt terminos suos in tres partes, quia tot erant fratres. In Asia sunt Provinciae XV: India, Achaja, Parthia, Syria, Persia, Media, Mesopotamia, Cappadocia, Palaestina, Armenia, Cilicia, Chaldaea, Suria,[1] Aegyptus, Lydia. In Africa sunt Provinciae XII: Libya, Cirmi,[2] Pentapolis, Aethiopia, Tripolitana, Byzantia,[3] Getulia, Natabria, Numidia,[4] Samaria, Syrtes majores et minores. In Europa sunt Provinciae XIV: Italia,[5] Calabria, Hispania, Alamannia, Macedonia, Tracia, Dalmatia, Pannonia, Colonia, Gallia, Aquitania, Britannia, Hibernia, Aquilonarii infra Oceanum.[6]

Robert setzt an Stelle von Achaja Assery, von Chaldaea Cades, von Suria Arrabye, von Lydia Lybye; an Stelle von Libya Lyddya, von Samaria Maurytan and Tyngvytanie; an Stelle von Colonia Langedok [im J. T. Ms. Coloyne], von Aquilonarii infra Oceanum al the North toward the West [im J. T. Ms. fehlt dies ganz].

Mit geringen Abweichungen finden wir somit diesen Stoff nebst einigen erläuternden Bemerkungen über die Veranlassung

[1]) In einer hs. fehlt es.
[2]) In andern hss. Cirini und Cyrene.
[3]) Eine hs. hat Bifanna.
[4]) Eine hs. hat Himedra.
[5]) Einige hss. haben Roma.
[6]) In einigen hss. hinzugefügt: id est Australia.

zum trojanischen Krieg, die wie Robert es selbst ausspricht (V. 145—162) aus Daretis Phrygii „De excidio Trojae historia" genommen sind und zwar hauptsächlich aus Cap. XII und XIII (nach der Ausgabe von Ferd. Meister) in den Versen 201—730 unserer Chronik verarbeitet. Von V. 731 an ist der „roman de Brut" des Wace die augenscheinliche Vorlage zu unserer Chronik, die von hier an nur kleine oft unbedeutende Differenzen zeigt, welche im Folgenden mit Berücksichtigung des „Münchener Brut[1])" und der neuangelsächsischen Bearbeitung des „roman de Brut" durch Laȝamon[2]) zusammengestellt sind. Die beiden hinzugezogenen Bearbeitungen desselben Stoffes im „Münchener Brut" und „Laȝamons Brut" zeigen in einigen Abweichungen zwischen Brunne und Wace gerade das Gegenteil nämlich Uebereinstimmung mit Brunne und zwar der „Münchener Brut" in: 9, 13, 16₂, „Laȝamon" in: 6, 7, 21, 23, so dass es scheint, als ob der Dichter auch diese Bearbeitungen gekannt und benutzt habe; denn es wäre doch zum mindesten sonderbar, wenn Brunne gerade in solchen Punkten, wo er seine angebliche Quelle aufgiebt, zufällig die Lesart einer anderen Bearbeitung getroffen habe.

1. Br.[3]) 839: The kynge dide his clerke calle.

Nach V. 829—30 ist Silvius, Sohn des Eneas mit der Lavyne, der Bruder des verstorbenen Askaneus, König.

W. 118—120: Quant Aschanius l'aperçust,
Venir fist ses sortisséors,
Et ses sages devinéors.

Münch. Brt. 353—56: Quant sout Ascanis la novele
Qu' enchainte fu la damoisele,
Enchanteors fait apeleir
Et ses devins por demandeir.

Dem entsprechend hat Laȝ., pag. 12, 14—17:

þa sende Asscanius
þe wes lauerd and dux
after heom ȝend þat lond
þe cuþen dweomerlakes song. —

[1]) Der Münchener Brut. Gottfried v. Monmouth in französischen Versen des 12. s. aus der einzigen Münchener hs. zum 1. Mal ed. v. K. Hofmann und K. Vollmöller, Halle 1877.

[2]) Laȝamon's Brut or Chronicle of Britain, ed. by Fred. Madden 3 vol. London 1847. —

[3]) Br. = Brunne's Chronik.
M. Brt. = Münchener Brut.
W. = Wace „roman de Brut".
Laȝ. = Laȝamon's Brut.

2. Br. 865: For deol and drede away he nam.
W. 147—148: Tuit li parent se corochièrent
Et du pays Brutus gittèrent.
M. Brt. 387—91: Quant Brutus out sun pere ocis,
Caciez en est fors del païs,
N'en i voldrent si parent mie
Por tant qu' a fait teil felonie,
Si l'essilierent de la terre.

Diese Vertreibung des Brutus nach der fahrlässigen Tötung seines Vaters Silvius berichtet auch

Laʒ. pag. 14, 23—24: heo hine flemden
out of þane londe. —

3. Br. 915: Hys brethren wold han reft it hym.

Bei W. M. Br. und Laʒ. hat Assarakus nur 1 Bruder.

W. 197—98: Assaracus qui bastars ère
De par son père avoit un frère.
M. Brt. 453—54: Il redutoit forment sun frere
Que il avoit de part sum pere.
Laʒ. 17, 21: Assaracus heuede enne broþer

4. Br. 1026—27. Bot Brutus was til his castles gon
With Antigo and Anacleton.

Nach W. M. Br. und Laʒ. zieht sich Brutus nach seinem Siege nicht in die Feste zurück, sondern besetzt diese nur, legt sich aber selbst in den Hinterhalt.

W. 311—14: Ce quida que Brutus i fust
Et ses prisons mis i eust;
Mais il fu el boscage entrés
Et ses prisons i a menées.
M. Brt. 600—4.: En Sparatin les a laissiez,
C'est li chastels dunt plus li chaut,
Crient qu'um ne li fac' i assaut;
El bois repaire od la victorie
A grant leece et a grant glorie.
Laʒ. pag. 23 ff: In þon castle he dude hende
six hundred of his cnihten,
him self mid his fenge
he to wode ferde.

5. Br. 1031: To bisege the castel he thought.

Bei W., M. Brt. und Laʒ. wird der Name dieser Feste auch genannt und zwar W. 310 Parantin[1]), M. Brt. cfr. oben 4, Laʒ. pag. 26,10 Sparatin.

---

[1]) Ms. de. Ste-Gen: Paladin. — Ms. du Roy: Asparatin.

6. Br. 1322: *Two dayes* they sailled *and two nyght.*
W. 617: Deux jors et une nuit siglèrent.
M. Brt. 1123—24: Dous jours cururent par bun vent
Et une nuit mult prosprement.
Laȝ. pag. 48, 1: *Tweiȝe dawes and tua niht.*
7. Br. 1425: And other *loughes* of Phylestynes.
W. 710: Et les Auteus des Philistins.
M. Brt. 1247—48: As auteus des Philistiiens
• Vindrent les neis des Troiiens.
Laȝ. pag. 54, 22: And ouer þen *lac* of Philisteus.

Hier liegt ein Versehen vor, zu dem voraussichtlich Laȝamon die Veranlassung gab. Die „aras Philistinorum" des Nennius und Gottfried v. Monmouth waren keine Seen wie Brunne meint, sondern Erdhügel, die die Ostgrenze der carthagischen Macht bezeichneten und zwischen Cyrene und Tripolis gelegen waren. Dieselben wurden dort errichtet nach dem Zeugniss des Valerius Maximus 5 Bch. cap. 6 und des Sallust „bellum Ingurthinum" cap. 79 den fratribus Philaenorum zu Ehren, die den Tod für's Vaterland starben.

8. Br. 1471—73: Gret folk of the Trojens lynage
That on of ther auncessour
Fled fro Troye out of the stour.

W., M. Brt. und Laȝ. sind hier ausführlicher in ihrem Bericht.

W. 774—77: Des Troyens de lor lignage
Quatre grans générations
Que Anthénor, un des barons,
Amena de Troie fuitis.
M. Brt. 1287—92: Iluec troverent el rivage
Des Troi[i]ens de grant parage
Bien quatre generatiuns,
Ki ja d'eissil furent sumuns;
Antenor les conduist de Troie,
Tresqu'il perdue i out sa joie.
Laȝ. 58, 11—13: þeos feower ferden
from Troye weoren iflemed,
Atenor heom ledde. —
9. Br. 1510: Wyth hym were *two hundred* men.
W. 813: trois cens homes.
M. Brt. 1333—34: A *dous cenz* fu des neis eissuz.
El bois estoit berseir venuz.
Laȝ. 61, 3: fif hundred cnihten. —
10. Br. 1592: With two hundred knyghtes and swayn.
W. 903: Od trois cent chevalier armés.

M. Brt. 1453: Cevaliers out od lui treis cenz.
Laȝ. 68, 2: þreo hundred ridearen. —

11. Br. 1634: Bot two dayes sithen hit was dight.
W. 947: Douse jors i orent esté.
M. Brt. 1578: Puis attendi dous jurs Guaiffier.
Laȝ. 70, 17: Nes hit buten lutel wile. —

12. Br. 1696: Turynus, a knyght, Brutus cosyn.
W. 1004: un niès Bruti Turnus.
M. Brt. 1727: Un nevud out li dus Brutus.
Laȝ. 73, 7—8: þer hefde Brutus
enne mæi, haihte Turnus.

Bei Laȝ. ist das Verwandtschaftsverhältniss ganz unbestimmt gelassen, denn mæi = ags. mæȝ bezeichnet alle Grade der Blutsverwandtschaft. Bei W. und M. Brt. ist er ein Neffe, bei Brunne ein Vetter des Brutus.

13. Br. 1708—9: He had slayn, the story seys,
Six hundred Peytenyns and Fraunceys.
M. Brt. 1768: Od s'espeie end ocist *sis cenz.*

Br. und der M. Brt. stimmen in der Angabe der Getöteten überein; W. 1012 giebt nur 100 Tote an, Laȝ. allerdings bewegt sich in der sehr dehnbaren Angabe „monie hundred“ pag. 73, 14.

14. Br. 1758—59: That tyme that Brutes aryved her
A thousand and two hundred yer.

Diese Zeitbestimmung der Ankunft des Brutus in Albion ist eine Zugabe Br.'s, sie fehlt bei W., M. Brt. und auch bei Laȝ.

15. Br. 1885—87: That contre he tok that highte Waille.
Of Corin and Waille that was wynnyng
Hadde Cornewaille the name gynnyng.

W. 1215—18: Cèle partie a apelée
De Corinéo Corinée;
Puis ne sai par quel controvaille
Fu apelée Cornuaille.

M. Brt. 1917—20: Apres lui dist um Cornewaille,
Selunc lo livre n'i faz faille,
U pur cho qu'est une cornere
De cel païs qu'est la ariere.

Laȝ. 83, 16—21: þe lauerd hehte Corineus
and þat lond Corinee.
Seoððen þurh þa leoden
þe iþon londa weoren
heo clepeden hit Cornwaile
þurh heora sotliche cure.

So giebt jeder der Bearbeiter des W. eine Erklärung des Namens „Cornuaille", diejenige von unserem Dichter ist offenbar die ansprechendste.

16. Br. 2120—21: That tyme that this chaunce fel
Lyvede the prophete Samuel.

Bei W., M. Brt. und Laȝ. fehlt diese Zeitbestimmung an dieser Stelle, doch findet sie sich bei W. 1529—30:

Dunc estoit Samüel prophètes
Et Homer ert prisez poëtes

zur näheren Bestimmung des Todesjahres des Membricius.

M. Brt. 2420—23: Silveneas adunc regnoit,
Et li poëte Omers vivoit,
En Judea eirt Samuel,
Ki fu del linage Israel.

Diese Verse dienen zur Bestimmung der Regierungszeit Madans. Zur Bestimmung von Membrices Todesjahr hat Br. 2156—57:

Then Saul regned in Judea
And Eristeus in Lacudemonia.

Dem entsprechend

M. Brt. 2516—17: *Dunt regnoit Saül sur Judeus,*
En Lacedemonie Euristeus.

Dieselbe finden wir wieder bei W. 1505—6:

Dont Saül de Judé fu rois,
Et Eristéus des Gregois

zur Bestimmung des Todes Malyns und der damit beginnenden Alleinherrschaft des Membricius. Beide Zeitbestimmungen fehlen bei Laȝ. Die Bestimmung der Regierungszeit des Ebrauk bei

W. 1549—54: Ou tens que cil Ebrac régna,
David le sautier ordena
Et sa cité fist Bethléem,
Et la tor de Jérusalem.
Et Silvius Latins régnoit,
Et Nathaüm prophétisoit.

Im M. Brt. 2548—55: A icel tens David vivoit,
Ki en Hierusalem regnoit,
Si estoient en icel an
Et Gad et Asaph et Nathan,
En Israel prophetizoient,
Lor propheties annunzoient.
Silvis Latins adunc vivoit,
En Lumbardie rois estoit.

fehlen sowohl bei Brunne als bei Laȝ. Ebenso fehlt Laȝ. die Bestimmung von Leyl's Todesjahr. Br. 2232—37:

In his tyme was the prophete Amos
And Hyen and Agxos
And the prophete Sakarye
In that tyme preched prophecie.
He lys at Karlel, as the stori spak,
And Brutes at York biside Eborak.

die bei W. 1659 — 64 zur Bestimmung von Rehudibras Todesjahr Verwendung findet:

A cel tans régnoit Solemons
Qui fonda templum domini,
Si come Dex l'ot establi.
Prophétizans en Israël
Amos, Aggéus et Johel.

M. Brt. 2692—95: Dunc tint Italie lo païs
Li filz Epite, rois Capis;
Aggeus, Amos, Johel vivoient
Et en Judea prophetoient.

dient zur Bestimmung der Regierungszeit des Rud Hudibras.

17. Br. 2247: He regned nyne and fourty yer.

Die Regierungszeit ist bei W. 1657: qarante ans, im M. Brt. 2660: XXXVIIII ans, bei Laȝ. 119, 8: niȝen and þritti winter.

18. Br. 2278: Fourty wynter then regned he.

Bei W., M. Brt. und Laȝ. ist die Regierungsdauer des Leyr länger und zwar bei W. 1706: Soisante ans, M. Brt. 2760: Sexante ans und bei Laȝ. 123, 16: sixti winter.

19. Br. 2576—78: Condage tok als hym thoughte best
Over Humber the Northwest;
Thenne Morgan the South ches.

W. 2117—18: Cunedages, del Humbre en vest;
Margan, ce que devers nort est.

M. Brt. 3629—38: D'eaus II fu Marganz li anz neiz,
Li siens prendres fu deviseiz;
De Bretaine a prise sa part,
Si cum li Humbres la depart,
La granz aigue, vers Cataneise;
Vivre en pora a grant richoise.
Ocor vient penre a Cunedage,
Bacheleirs est de fier corage,
Et prent sa part entierement
Decha Humbre vers occident.

Laȝ. 161, 79: Cunedagius bi þare Humbre
hauede al þeð west,
Morgan hauede norð and est.

Die Verteilung des Landes geschieht hiernach in verschiedener Weise. Morgan erhält nach Br. den Süden, nach W. den Norden des Reiches. Im weiteren Verlaufe der Erzählung zeigt sich aber, dass Br. auch hier der Situation gerechter ist; denn Morgan würde sich wohl gehütet haben, wenn er nicht einmal einen Kampf mit seinem Bruder wagt, sondern schon bei der Nachricht von dessen Anrücken die Flucht ergreift, mit seinem Heere Wales, also feindliches Gebiet, zu betreten.

20. Br. 2616: Thrytty wynter was he kyng.
W. 2151: trente trois ans.
M. Brt.[1]) 3685: Trente et trois ans l'ot en baillie.
Laȝ. 165, 3: þreo and þritti wintere.

Diese 33jährige Regierungszeit des Condage wird jedoch bei Laȝ. 165, 15—16 auf eine 30jährige reduziert:

After þritti wintere com þe dæi
þat Cunedagius deæd læi.

21. Br. 2639: Gargustius, his *sone*, had al.
W. 2180: Ses niés a le raine tenu.
Laȝ. 166, 21: Riwald king hafuede anne *sune*.

22. Br. 2142—43: And after the kynge Cycilly
Was Lago kyng, his cosyn ney.
W. 2183: Et puis Lago niès Gurgusti.
Laȝ. 167, 5—6: Suððen com Lago
þa æhte wike liuede.

Bei Br. ist Lago der Vetter, bei W. der Neffe des Cycillius. Laȝ. giebt kein Verwandtschaftsverhältnis an, erwähnt aber die kurze Regierungsdauer, die von den beiden Anderen nicht mitgeteilt ist.

23. Br. 2740: *Sex hundred* of hyse he colede out.

W. 2293 lässt dem Donwal seine Kriegslist mit 700 Getreuen ausführen, Laȝ. 178, 13 mit „*six hundred* cnihtes“.

24. Br. 2994: Gutlak had thre schipes and mo.

Es rettet sich bei W. 2541 Gutlac mit 5 Schiffen aus dem Seesturm; Laȝ. giebt die Zahl der an der englischen Küste landenden Schiffe nicht an, erwähnt aber 195, 17 das Sinken von 53 Schiffen.

---

[1]) Der Münchener Brut ist ein Bruchstück, das Gottfried v. Monmouth nur bis zum Regierungsabtritt des britischen Königs Condage folgt und mit einer kurzen Genealogie der Könige Roms abschliesst.

25. Br. 3338—39: The brethere tok of them hostage
Twenty childre of the beste lynage.
W. 2960—61: Orent ostages avenant,
De Rome vingt et quatre enfans.

Die Anzahl der Geiseln als 24 wird auch von Laȝ. 227, 5 bestätigt „ȝisles feor and twenti.“

26. Br. 3384—3427 schildert den Kampf des Brenne mit den Römern in den Engpässen von Moungow. Dieselben waren den „Alemaunts“ zu Hülfe geschickt worden, waren aber auf die Nachricht von dem Anrücken Brenne's gegen Rom umgekehrt, um ihren Brüdern zu Hülfe zu eilen. Belyn hatte hiervon Kunde erhalten und Brenne benachrichtigt, der durch Vermittelung kundiger Führer die Feinde überholt und sie vollständig aufreibt. Es ist dies ein Versehen Roberts, denn sowohl W. als auch Laȝ. schreiben diesen Kampf Belin zu. Dies Letztere ist auch das Natürliche, denn man wüsste sonst nicht, warum Belin plötzlich seinen Zug gegen die Deutschen aufgegeben hätte. Brunne ist allerdings um einen Grund nicht verlegen V. 3430—31:

Fer from his brother wold he nought go,
What chaunce so bytidde of mo.

27. Br. 3708: Thritty yer in thys lyf gan lende.

Diese Angabe der Regierungszeit des Gurgoynt fehlt bei W. und auch bei Laȝ.

28. Br. 3723—25: In eyghte schires that lawe yit men holde:
Gloucestre, Chestre, Warewyk, Oxenford,
Hereforde, Wyrchestre, Schropschire, Stafford.

Diese Aufzählung der Grafschaften, die das „Marchenlaȝe“ noch rechtsgültig haben, fehlt bei W. und auch bei Laȝ. Dagegen nennen beide den Übersetzer aus dem Bretonischen und zwar W. 3395 Alvrec, Laȝ. 269,16 Alfred.

29. Br. 3731: He regned namore bot ten yere.

Diese Bestimmung der Regierungszeit Gwyntelyn's fehlt bei W. und Laȝ.; ebenso fehlen auch die bei Br. 3741 angegebene 21jährige Regierungszeit Kymnar's und die Br. 3743 verzeichnete 10jährige seines Bruders Daneus.

30. Br. 3915: They byried hym at Karlel.

Diese Begräbnisstätte Argayl's wird bei W. nicht genannt und dem entsprechend auch nicht bei Laȝ. Ebenso wird auch nur von Br. 3950 der Begräbnisstätte von Elydour in „Aldeburghe castle“ Erwähnung gethan und der von Ely in „Castre“ Br. 4077.

31. Br. 3970: Six wynter he regned in his lyf.
W. 3697: Sept ans mena sa tyrannie.

Bei Laȝ. ist keine Zeit angegeben, die Eumaneus herrscht, ehe er von den Grossen verjagt wird.

32. Br. 4740—45: Thys feste-day that was so hey
Were offred fifty thousand ky
And therto thre thousand hyndes,
Wylde walkande by wode-lyndes
And an hundred thousand schep
The noumbre of foules gaf no man kep.

W. 4431—36: Vace quarante mil enters
Et de bisces trente-millers
Porcaciés de mainte guise
Mist l'en le jor el sacrefise.
Après i ot cent mil oelles,
Et de voléille mervelles.

Laȝ. 346, 7—11: þwælf þusend ruðeren sele
and þritti hundred hærtes
and al swa feole hinden;
of þan fohȝel cunne
ne mai hit na mon kennen.

Die Anzahl der Opferthiere wird also von jedem Dichter verschieden angegeben.

33. Br. 4762: Irelgas was the kynges cosyn.

W. 4447: Hiresgas, qui ert niès le roi.

Bei Laȝ. 347, 16 wird das Verwandtschaftsverhältniss des Irelgas zum Cassibelaunus unbestimmt gelassen durch die Benennung „kinges mæi.“

34. Br. 5036—37: Androcheus enbusched hym pryvely
With fif hundred men armed redy.

W. 4697—99: Androgéus privéément
Se mist en un embuisement
En un bois, od cinq mil armés.

Laȝ. 367, 13—14: Julius hæfde to iueren
þritti hundred riderne.

Bei Laȝ. legt sich auch Androcheus nicht in den Hinterhalt, sondern Cäsar und Androcheus gehen dem Cassibelaunus mit 10000 Reitern entgegen.

35. Br. 5171: Seve nyght yit ne hath hit ben.

W. 4829: N'a mie encor lonc tans passé.

Laȝ. 375, 6—7: ȝet ne beoð fif dæiȝes
allunge iuerede.

36. Br. 5282—5337 ist eine Abweichung des Lambeth Ms. von der Vorlage, der dagegen das Inner Temple Ms. treu bleibt. Diese Abweichung ist weiter unten unter Cap. V behandelt.

37. Br. 5340: Fiftene after he regned in pes.

Bei W. 4952 ist die Regierungszeit des Cassibelaunus nach dem Abzug Cäsars auf 7 Jahre herabgesetzt, bei Laȝ. fehlt diese Zeitbestimmung ganz.

Nachdem wir die Abweichungen der Brunne'schen Chronik von der Quelle unter Berücksichtigung des „Münchener Brut" und „Laȝamon's Brut" angegeben haben, werden wir im Folgenden eine Zusammen- und Nebeneinanderstellung der Namen der britischen Könige geben, um daran zu zeigen, welchen Veränderungen selbst Eigennamen beim Übergang aus der einen Quelle in die andere unterworfen sind. Zur Vergleichung haben wir neben W., M. Brt. und Laȝ. herangezogen Gottfried v. Monmouth „Historia Britonum" ed. v. J. A. Giles und „The chronicle of the kings of Britain, translated from the welsh copy attributed to Tysilio, by the Rev. Peter Roberts, A. M. London 1811.

G. v. M.	Tys.	W.	M. Brt.	Laȝ.	Br.
Brutus	Brutus	Brutus	Brutus	Brutus	Brutus
Locrinus	Locrinus	1297 Locrinus 1305 Locrins. 1380 Locrin	Locrin[s]	Locrin	Lokeryn.
Kamber	Camber	1298 Camber 1362 Cambers	Kamber	Camber[t]	Kamber.
Albanactus	Albanactus	Albanacus	Albanactus	Albanac	Albanak.
Madan	Madoc	1442 Madan 1443 Madans	Madan[s]	Madan	Madan.
Malis	Mael	Malins	Malin	Malin	Malyn.
Mempricius	Membyr	1490 Membris 1497 Menbris 1527 Manbriz	Mempricies Menpricies Memprities Menprities	Menbriz	Membrice
Brutus Viride-scutum	Vryttys darian las	Brutus vert-escu	Brutus al vert escu	Brutus Uært Escut	Brutus Grenescheld.
Leil	Leon-gawr	Léil	Liul	Leil u. Leir	Leyl.
Hudibras	Rhun Paladrfras	1645 Ruhundibras 1694 Ruhundibré	Rud Hudibras	Ruhhudibras	Rehudybras
Bladud	Blaiddyd	1666 Baldud 1681 Bladud 1667 Bladus	Bladud	Bladud	Bladut.
Leir	Lear	Léir	Leïr	Leir	2276 Leyr. 2506 Leyre.
Marganus	Morgan	Margan	Margans	Morgan	Morgan.
Cunedagius	Cynedda.	2108 Cinedagius 2142 Cunedages	Cunedages	Cunedagius	Condage.

G. v. M.	Tys.		W.	Laȝ.		Br.
Rivallus	Rhiwallon		Rival	Riwald		Ryval.
Gurgustius	Gorwst		Gurgustius	Gurgustius		Gargustius.
Sisillius	Sayṡyllt		Sisilius	Sisillius	2641	Cycyllius.
					2642	Cycilly.
Lago	Jago		Lago	Lago		Lago.
Kinmarcus	Cynfarch		Rimar	Marke		Kynmar.
Gorbogudo	Gwrfyw dygn		Gorbodiabo.	Gorbodiago		Garbodian.
Ferrex	Fervex	2187	Ferréus	Freus		Ferreus.
		2227	Ferex			
Porrex	Porrex	2188	Porréus	Poreus	2651	Porreus.
		2227	Porrex		2658	Porrex.
Staterius	Thevdvr		Stater	Stater		Stater.
Ymneres	Gymerth		Piguer	Piner		Pinter.
Rudaucus	Nydavs		Rudac	Rudæuc		Rudak.
Clotenes	Clydno		Clotan	Cloten		Cloten.
Dunwallo	Dyfnwal	2260	Donvalomo-	Donwallo	2708	Donwal.
Molmutius	Moelmydd		loninus [1])	Molinus	2738	Donewal.
		2279	Donvalo			
Belinus	Beli		Bélin	Belin		Belyn.
Brennius	Bran	2361	Brenne	Brenne		Brenne.
		2462	Brennes			
Gurgiunt	Gwrgant	3292	Gurgint	Gurguint	3638	Gurgoynt
Brabtruc	Varv-Trwch	3293	Gurgint	Bertruc		Beretruk.
			Heltruc		3686	Gorgoynt.
Guithelinus	Cyhelin		Guincelin	Guncelin		Gwyntelyn.
Sisilius	Saisyllt		Sisillius	Sillius		Sylvius.
Kimarus	Cynvarch		Rommarus	Rummarus		Kymnar.
Danius	Daned		Damus	Damus		Daneus.
Morpidus	Moryd		Morpidus	Morpidus		Morpidus.
Gorbonianus	Gorviniaw		Gorbonian	Gorbonian		Garbodyan.
Arthgallus	Arthal	3523	Agar	Argal		Argayl.
		3628	Arga			
Elidurus	Elidr		Elidur	Elidur		Elydour.
Vigenius	Owain	3524	Jugenès	Jugenes	3818	Jugenes.
		3656	Jugènes		3918	Jugens.
					3980	Jugeneus.
Peredurus	Peredur	3524	Pérédur	Peredur	3818	Perodour.
		3661	Parédur		3918	Perodours.
Marganus	Morgan ap Arthal		Margan	Morgan		Morgan.
Enniaunus	Einion		Eumanus	Enmaunus		Eumaneus.

1) Ms. du Roy: Donewalmolus.

G. v. M.	Tys.		W.	Laȝ.		Br.
Idvallus	Eidval ap Owain		Juvalon	Iwallo		Yvalon.
Runno	Rhun		Juno[1])	Rime		—[4])
Geruntius	Geraint		Gerones[2])	Goronces		Gernuces.
Catellus	Cadell		Catullus	Catulus		Catillus.
Coillus	Coel		Caüllus	Coillus		Coyllus.
Porrex	Porex		Porrex	Porex		Porrex.
Cherin	Cheryn		Cérin	Cherin		Cheryn.
Fulgenius	Silgnius		Fulgentius	Fulgenius		Fulgenius.
Eldadus	Eidal		Eldadus	Aldus		Eldadus.
Andragius	Andras	3728	Androgéus	Andragus		Androcheus.
		3733	Andragis			
Urianus	Uryen		Urian	Ur[r]ian		Uryan.
Eliud	Elvryd		Eliu	Eliuð		Elyud.
Cledancus	Clydoc		Cledantius	Cledaus		Endacius.
Cletonus	Clydno		Cloten	Doten		Doten.
Gurgintius	Gorwst		Gurgustius	Gurguincius		Gurguttus.
Merianus	Meiriawn		Merian	Merian		Merian.
Bleduno	Blaiddyd		Bledudo	Bledon		Bleludo.
Cap	Caff		Cap	Cap		Capes.
Oenus	Owain		Oënus	Oein		Oeneus.
Sisillius	Saissylt		Sillius	Sillius		Sysillius.
Blegabred	Blegoryd		Blegabres	Blæðgabreat		Glegabret.
Arthmail	Arthmael		Achinal	Arkinaus		Archynaul.
Eldol	Eidol		Eldol	Ældolf	4050	Eldol.
					4060	Eldolf.
Redion	Rhydion		Région	Redion		Redyon.
Rederchius	Rhydderch		Aredrec	Redært		Redryk.
Samuilpenisel	Sawl Benuchel		Phanupenisel	Famulpenicel	4064	Famour und
					4064	Myssel.
Pir	Pirr		Pir	Pir		Pyrchel.
Capoir	Capeir		Caporus	Capor		Caporus.
Gligueillus	Manogan		Nennius[3])	Eligille		Elignellus.
Heli	Bely mawr ap Manogan		Ely	Heli	4074	Ely.
					4078	Helye.
Lud	Llud ap Bely mawr		Lud	Luð		Lud.
Cassibellaunus	Caswallon	3811	Cassibelanus	Cas[s]ibelaunus	4080	Cassibalan.
		3871	Cassibelan		4132	Cassibolan.
		3981	Cassibelans		4833	Cassybalan.

[1]) Ms. de l'Ars: Runo.
[2]) Ms. de l'Ars: Geronces.
[3]) Ms. de l'Ars: Euguellius. Ms. du Roi: Elignellius.
[4]) Ein Eigenname nicht gegeben, sondern nur „Perodours sone" betitelt.

G. v. M.	Tys.	W.	Laȝ.	Br.
Tennantius	Tenenvan	Tennencius	Tennancius	4131 Tenuacius.
Kymbelinus	Cynvelin	Guibelin	Kinbelin	{5348 Kymbely. {5377 Kymbelyn.

In dieser Nebeneinanderstellung der Eigennamen zeigen sich sonach viele Abweichungen. Das Grundgebäude der Brunne'schen Chronik ist aber ebenso wie in den anderen Bearbeitungen dasselbe wie in Gottfried v. Monmouth. Die Anzahl der Könige ist überall dieselbe, nur ein einziges Mal weicht Brunne ab, indem er aus dem Phanupenisel des Wace 2 Könige Famour und Myssel macht, auch die Erzählungen über dieselben stimmen in den Hauptmomenten überein. Der Grund zu den Differenzen beim Gebrauch der Namen der Könige wird zum Teil bei den Überarbeitern zum Teil aber auch bei den Schreibern zu suchen sein. Schon bei Gottfried v. Monmouth sind die Namen der fabelhaften keltischen Könige oft missverstanden. Auch zeigen die verschiedenen hss. ein und desselben Textes Abweichungen von einander, um so weniger wird dies da zu verwundern sein, wo ein Dichter ein in fremder Sprache abgefasstes Werk in seine Muttersprache überträgt. Es wird ihm bei seiner Arbeit besonders darauf ankommen, den Inhalt der Vorlage klar wiederzugeben. Diesen Grundsatz finden wir auch schon von Wace gewahrt. Er folgt seiner Quelle Schritt für Schritt. Seine Abweichungen beschränken sich auf kleine eingeschobene, näher charakterisierende Bemerkungen, Ausmalung einzelner Scenen, ausführlichere Schilderungen von Festen, Waffen, Kleidungen. Dieses Bestreben, seine Quelle treu wiederzugeben, finden wir nun auch von Robert eingehalten. Auch er folgt, wie wir aus den wenigen oben angegebenen Abweichungen gesehen haben, seiner Vorlage Schritt für Schritt. Während aber der normannische Dichter durch die Motivierungen der Handlung bei seinem bedeutenden dichterischen Talente, das ihn oft seine Quelle, eine lateinische Prosachronik, ausschmücken liess, in der Ausführung des Stoffes eine gewisse Selbständigkeit erreicht, kann sich Robert mehr an den Buchstaben halten, weil ihm bereits ein poetisches Kunstwerk vorlag. So kann denn unsere Chronik keine Ansprüche auf Originalität machen und sinkt zu einer allerdings gut gelungenen Übersetzung des Wace herab. Nur an einigen wenigen Stellen schwingt sich unser Dichter zur Selbständigkeit empor z. B. Br. 1948—53, 2822—33, an anderen Stellen ist er ausführlicher z. B. Br. 4172—4201 sind den V. 3909—18, Br. 4786—93 den V. 4475—78 des Wace entsprechend, überhaupt zeigt er dieses Bestreben nach Ausführlichkeit in der ganzen Schilderung der Züge Cäsars nach Britannien, die er in V. 4170 — 5281

(W. 3903—4931) seinen Lesern vorführt. Mit dem guten Patriotismus des Dichters mag es zusammenzubringen sein, dass er sich in der Schilderung der Kämpfe gefällt, die seine Altvordern siegreich mit den auswärtigen Feinden des Landes durchkämpft hatten; nur Zwiespalt und Verrat konnte die Freiheit des stolzen Britenvolkes brechen. Im Gegensatz zu Wace kürzt Robert nun auch oft die breiten Schilderungen seiner Vorlage ab z. B. die weitläufige Schilderung der Sirenen bei W. 733—64 wird bei ihm in V. 1450—63 abgethan. Während die Bemerkung Gottfrieds III, 10, dass Glegabret sich in der Musik auszeichnet „ita ut deus joculatorum videretur" dem Wace die willkommene Gelegenheit bietet, die ihm bekannten Musikinstrumente aufzuzählen W. 3765—70:

Et mult sot de lais et de note,
De vièle sot et de rote,
De lire et de satérion,
De harpe sot et de choron
De gighe sot, de simphonie,
Si savoit assés d'armonie

übergeht dies unser Dichter ohne jedes Bedenken. Trotzdem ist die Brunne'sche Chronik eine treue Bearbeitung des „roman de Brut". Oft überträgt Robert Vers für Vers, oft fügt er hinzu, oft lässt er nach Belieben weg. Er bindet sich nicht sklavisch an den Buchstaben, sondern ist bemüht in einfacher, schmuckloser Sprache der französischen Quelle getreu seinen Lesern ein englisches Kunstwerk zu unterbreiten.

III. Versmass und Reim.

Wie Robert seinem Vorbild getreu im Inhalt folgt, so thut er es auch im Versmass. Wie Wace schreibt auch er in kurzen Reimpaaren. Das kurze Reimpaar ist aus dem akatalektischen Tetrameter hervorgegangen dadurch, dass 2 auf einander folgende Verse durch den Endreim zu einem Ganzen verbunden werden. Dieses Versmass war in der Epik ausserordentlich beliebt. Es ist das Metrum der volkstümlichen Epik der Franzosen, auch die Artusromane und die Reimchroniken zeigen das kurze Reimpaar. Das Versmass hat einen vorwiegend jambischen Charakter. Der Reim ist entweder männlich oder weiblich, und zwar haben die Verse mit männlichem oder stumpfem Ausgang 8 die mit weiblichem oder klingendem 9 Silben. In dieser Gestalt tritt uns das kurze Reimpaar in der französischen Poesie entgegen; bald aber findet dasselbe auch Nachahmung im Deutschen und Englischen.

Die ganze mittelhochdeutsche Epik zeigt die kurzen Reimpaare in der schönsten Blüte auf deutschem Boden. Auf englischem Gebiete erfährt das kurze Reimpaar manche Veränderung, da sich in der Metrik neben dem romanischen Princip der Silbenzählung auch das germanische Princip der Zählung der betonten Silben unabhängig von der Zahl der Senkungen geltend macht. Eine Übereinstimmung zeigt sich nur in den 4 gleichen Takten, die durch die 4 Hebungen scharf markiert werden, während die Senkungen mit grösster Freiheit behandelt werden. Die meisten Veränderungen rühren her von Elision, Apokope und Verschleifung der Silben. Folgende Beispiele mögen genügen, um zu zeigen, in welcher Weise unser Dichter das Versmass handhabt. Ganz regelmässig gebildet sind folgende mit männlichem Reim:

V. 222: How théy depárted ál thys wérd.
V. 475: He képte béstes ín the féld.
V. 572: That ýs in thóught to thé to gó.
V. 586: Theróf, he séid, ys nó mestér.
V. 1354: To Brútus thénne wás it tóld.

Regelmässig gebildet mit weiblichem Reim sind:

V. 208: Bot fóure mén and fóure wýves.
V. 462: In týme óf the élde láwes.
V. 1219: For thó that hátes ál day strives.
V. 1973: That lónd that nów ys cléped Wéles.
V. 2245: Bot sóm men séide thát he lýed.

In folgenden Versen fehlt der Auftakt:

V. 207: Mán and bést that béren lýves.
V. 227: Sém was éldest he chés Assýe.
V. 247: Sírtes the móre ánd the lásse.
V. 250: Jáphetes pártie thát dwélleth the pópe.
V. 265: Sétymes sóne Cíprius híght.

Ein regelmässig gebildeter Vers wie 207 zeigt in diesem Falle ein trochäisches Aussehen.

Mit dem Fehlen des Auftaktes ist die Umstellung des Taktes nicht zu verwechseln:

V. 210: Álle that éver of Ádam wás.
V. 270: Wás a sóne thát hight Crétus.
V. 288: Ál the týme that ápples wóre.
V. 447: Míghte hit wýnne befóre with fýght.
V. 452: Bígged hit agéyn fol nóblelý.

Zweisilbiger Auftakt zeigt sich in:

V. 221: Thyse Nóe sónes ye hán wel hérd.
V. 324: Over álle óther préised was hé.

V. 789: Thanne fónd he nón thát hym nóyed.
V. 797: In the férthe yér lást of his lýf.
V. 1693: That the Frénsche móughte thém nought knówe.

Die Senkungen fehlen zum Teil:

V. 1356: Fónd théy án ymáge.
V. 1422: Intó the sé óf Aufrýke.
V. 3554: Porsénna théy tók aquýk.
V. 5123: Émperour, kýng ne káysér.
V. 5237: Thy wílle to dó wé ar rédy.

Aus Reimbequemlichkeit oder auch aus Reimnot wird durch schwebende Betonung der Reim herbeigeführt in:

V. 333:34 Íle was áfter his fáder kýnge
He máde a cite of fáir byggýnge.
V. 355:56 And twó dóughteres that óf him cám
Cassándram ánd Pollíxenám.
V. 553:54 I schál the gráunte thorow mý powér
In Tróye schold névere bé thy pér.
V. 2144:45 Thýs Membrice was únkýnde
Fordéde god mén that hé myght fýnde.
V. 5122:23 God cástel drédes nó powér
Émperour kýng ne káysér.

Viele Licenzen sind schon aus den angeführten Stellen ersichtlich, doch will ich noch einige Verse anführen, in denen sich mehrere dieser Freiheiten zu gleicher Zeit finden, wodurch die Verse oft ungebührlich lang werden.

V. 1608: Hit híghte nought Fráunce the náme was Gálle.

Hierin zeigt sich die Apokope des flexivischen e.

V. 1648: They ármed theym álle báron and knýght.

Hierin zeigt sich die Elision des e im Präteritum und die Verschleifung von on and zu einer Senkung.

V. 2021: Thre fáire máydenes in his schíp wore léft.

Hier müssen sogar denes in his zu einer Senkung verschliffen werden.

V. 2373: His lánd was gýven to his dóughtres twéye.

In diesem Verse zeigt sich Elision des e im Particip Präteriti und die Verschleifung des to his zu einer Senkung.

V. 3646: Gúrgoynt thóughte he hadde rýght therýnne.

Hierin zeigt sich Apokope des e im Präteritum und die Verschleifung des he had zu einer Senkung.

Solche Verse liessen sich noch eine grosse Menge anführen, es ist jedoch unnötig, da sie bei der Lektüre sofort in die Augen fallen.

Daneben giebt es nun auch einige Verse, die sich trotz dieser grossen Licenzen nicht in das Schema der 4 Hebungen einzwängen lassen. Als Belege mögen dienen:

V. 2244: A whíle on égle spak thánne and próphesíed.

V. 3108: Two cáuses óver the lónd in léngthe and bréde.

Auch in der Handhabung des Reimes müssen wir Robert's Dichtertalent in vollem Masse anerkennen. Wenn ihm auch ein poetisches Werk als Grundlage diente, so war es doch immerhin sehr schwer, dieses in guten Versen in einer andern Sprache wiederzugeben. Nur an sehr wenigen Stellen zeigt sich anstatt des Reimes Assonanz.

V. 1444 : 45 man : cam.
V. 1474 : 75 man : cam.
V. 3544 : 45 brest : next.
V. 4198 : 99 Romayns : teymes.
V. 4672 : 73 Cassibolan : nam.
V. 5310 : 11 Rome : sone.
V. 5324 : 25 sone : come.
V. 5348 : 49 sone : Rome.

Er reimt a : au in:[1])

V. 845 : 46 chaunce : chevysance.
V. 1918 : 1919 haunt : Trenovant.

a : o in:

V. 415 : 16 Laomedon : gan.
V. 4228 : 29 londes : standes.

Diese Reime zeigen, dass a vor Nasalen durch au in o übergeht.

a : ay in:

V. 3896 : 97 Argayl : al.

a : e in:

V. 107 : 8 overwhere : forfare.
V. 247 : 48 lasse : es.
V. 937 : 38 lad : spred.
V. 1972 : 73 tales : Weles.
V. 3964 : 65 gete : hate.

ay, ai : ey, ei in:

V. 765 : 66 eyr : fayr.
V. 1152 : 53 ageyn : swayn.
V. 1732 : 33 playn : ageyn.
V. 3492 : 93 conseil : hayl.
V. 3494 : 95 missayde : leyde.
V. 3688 : 89 conseil : sayl.
V. 4142 : 43 seyse : ayse.
V. 4984 : 85 ageyn : certayn.

e : ey, ei in:

V. 1530 : 31 bent : bleynt.
V. 1674 : 75 turpel : conseil.
V. 2468 : 69 upreyse : meseysey.

e : y in:

V. 747 : 48 thenne : ynne.
V. 1768 : 69 liknes : ys.
V. 3788 : 89 lesse : ysse.

---

[1]) Wir müssen hier die Reserve machen, dass die im Folgenden aufgeführten unreinen Reime, deren Anzahl verhältnissmässig gering ist, wohl zum Teil dem Schreiber zuzuschreiben sind, denn der Dichter kann sehr wohl chaunce und chevysaunce oder chance und chevysance, londes und stondes oder landes und standes etc. geschrieben haben.

ey : y in:

V. 745 : 46 dreye : Ytalye.
V. 1108 : 9 wrye : weye.
V. 1262 : 63 deye : wye.
V. 1662 : 63 cry : ney.
V. 2460 : 61 affye : heye.
V. 2642 : 43 Cycilly : ney.
V. 2706 : 7 worthy : hey.
V. 3408 : 9 eyene: schyne.
V. 3824 : 25 lye : heye.
V. 3870 : 71 lye : deye.
V. 4046 : 47 melodye : deye.

ew : ow in:

V. 4440 : 41 nevew : prow.

ew : uw in:

V. 5258 : 59 rescuwe : nevewe.

o : ou in:

V. 823 : 24 Lavyon : toun.
V. 1874 : 75 Bretoun : incarnacion.
V. 3340 : 41 toun : raunson.
V. 3578 : 79 Kaerlegion : enchesoun.
V. 3592 : 93 soun : Carlyon.
V. 4866 : 67 Bretoun : London.
V. 4934 : 35 felon : boun.
V. 4990 : 91 treson : toun.

o : u in:

V. 2954 : 55 frosche : crusche.
V. 4262 : 63 osunder : wonder.

ou : u in:

V. 2462 : 63 turnes : mournes.
V. 2594 : 95 noumbre : Humbre.
V. 3568 : 69 turne : sojourne.
V. 5338 : 39 joyous : thus.

ou : ow in:

V. 1088 : 89 thou : now.
V. 1850 : 51 swowene : doune.
V. 3252 : 53 thou : prow.

oy : uy in:

V. 789 : 90
V. 4900 : 901 } noyed : destruyed.

In den folgenden Reimen ist das auslautende unbetonte e stumm:

V. 2 : 3 Inglande : fand.
V. 105 : 6 nobleye : thei.
V. 113 : 14 overthynne : in.
V. 141 : 42 throwe : know.
V. 829 : 30 endynge : kyng.
V. 897 : 98 thynge : kyng.
V. 1018 : 19 led : fledde.
V. 1078 : 79 thenke : blenk.
V. 1142 : 43 seyde : breyd.
V. 1166 : 67 fast : blaste.
V. 1234 : 35 beste : rest.
V. 2148 : 49 Sodome : com.
V. 2152 : 53 mette : set.
V. 3300 : 301 Tuskane : ran.
V. 4264 : 65 thare : Cesar.

In folgenden Reimen ist das e der Endung nicht zu sprechen:

V. 223 : 24 parties : devis.
V. 1038 : 39 karneles : quarels.
V. 1729 : 30 Peytenyns : kynes.
V. 2878 : 79 byforn : boren.
V. 4150 : 51 cosyns : lynes.
V. 4284 : 85 peres : truagers.
V. 4466 : 67 payd : dismayed.
V. 5200 : 201 peres : parteners.

G und gh sind stumm in folgenden Reimen:

V. 89 : 90 wayne : Spaigne.
V. 1020 : 21 sight disconfit.
V. 3188 : 89 lite : fyghte.
V. 3296 : 97 Tremoygne : Boloyne.

V. 1576 : 77 fleyghe : deye. V. 4204 : 5 Burgoyne : Gascoigne.
V. 2216 : 17 Alemaygne: wayne.

Eigentümlich erscheinen für den ersten Augenblick die Reime:

V. 1574 : 75 hardinesse : fresche. V. 4394 : 95 gras : fresch.

Doch finden wir schon bei Laȝamon ss neben sch, was die Ausspruche des ss als Zischlaut verbürgt. Das J. T. Ms. hat vollständig reine Reime:

hardinesse: fresse, gresse: fresse

An den 6 folgenden Stellen wird Robert durch Reimnot oder auch aus Reimbequemlichkeit veranlasst, dieselben Worte in den Reim zu setzen:

V. 1180 : 81 chaunce : chaunce. V. 2366 : 67 have : have.
V. 1926 : 27 laught : laught. V. 2408 : 9 held : held.
V. 1966 : 67 name : name. V. 4392 : 93 hewe : hewe.

In dem 1., 2., 3., 4., 6. Beispiele zeigt sich der sogenannte gleiche Reim, der später in Folge strengerer Anforderung an die poetische Form als unschön aufgegeben wurde, in mittelalterlichen Dichtungen aber noch häufig anzutreffen ist, im 5. Beispiele der rührende oder reiche Reim, indem dasselbe Wort in verschiedener Bedeutung entgegentritt und zwar held 2408 = hielt 2409 = hielt für.

Mit Ausnahme der oben angeführten Stellen ist der Reim im ganzen Gedicht in anerkennenswerther Reinheit gehandhabt; die meisten der vorkommenden Ungenauigkeiten werden der mangelhaften Überlieferung zur Last zu legen sein. Da es in der altenglischen Zeit noch keine allgemeine Schriftsprache gab, so war der Schreiber, sobald er eine in einem ihm fremden Dialekt aufgezeichnete hs. nachzuschreiben hatte, in eine missliche Lage versetzt, entweder musste er seiner Vorlage getreulich folgen, wobei es aber der grössten Aufmerksamkeit bedurft hätte, wenn ihm nicht ab und zu ein Wort in der ihm vertrauten Gestalt seines heimischen Dialektes aus der Feder fliessen sollte, oder sie von Anfang an in seinen Dialekt umsetzen, was aber, solange er die Reinheit der Reime in poetischen Werken zu bewahren suchte, nur im Innern der Verse geschehen konnte und wohl auch hier oft unterblieb, zumal, wenn die in der Vorlage gebotene Form ihm nicht ganz fremd, sondern ihm durch den Verkehr mit den Leuten der Nachbarprovinz bekannt war.

IV. Grammatische Betrachtungen.

Um ein Urteil über den Dialekt des Schreibers des Lambeth Ms. abgeben zu können, wollen wir im Folgenden einen Überblick über die grammatischen Formen geben, wie sie uns in demselben entgegentreten.

Substantiv.

1. **Numerus.** Die Bildung des Plurals geschieht durch:

a) **es, s** z. B. sones 213; landes 233; dawes 461, 3607, 3123; lawes 462; bestes 463; gestes 464; boles 486; daies 487; batailles 488; bokes 840; tres 1795; gates 2635; maydenes 2678; kynges 2688; armes 2714; strokes 2730; fos 3415; thousands 3507; hundreds 3507; schires 3723; barons 3872; layes 4036; assayes 4037; fythelers 4040; tounes 4120; wyfles 4392; foules 4745.

α. Die Wörter auf f mit vorangehendem langen Vokal oder lf erweichen dies zu v z. B. lyves 207; wyves 214; wolves 2152; theves 2153. Dieser Übergang von f in v ist nicht nur graphischer, sondern lautlicher Art. Im Ags. ist f anlautend und wohl auch auslautend = germ. f tonlose Spirans, dagegen im Inlaut = germ. b tönende Spirans. Das Goth. b hat inlautend sicher noch einen spirantischen Laut gehabt, wenn auch in der Schrift die Media geschrieben wird. Die Wörter auf f mit vorautgehendem kurzen Vokal behalten f: baillifs 4595 = ne. bailliffs.

β. Die Wörter auf i, y nach Konsonanz verwandeln dies in ie, ye, z. B. parties 223; stories 706; flyes 2634; styes 2635; enemyes 2747; brunyes 4391. Doch ist dies nicht konsequent durchgeführt, z. B. partys 3650. Daneben haben wir auch im Sing. in Wörtern romanischer Herkunft neben y, ie und ye als Endung, z. B. partie 2845, 4410; venourye 4016; folye 4058.

b) **e.** Diese Bildung ist bei unserm Schreiber sehr häufig, z. B. myle 659 = Ags. mîla u. mîle; perille 744; sithe 1380; halve 1403, 1594, 5139; contre 1496; daye 1499; cubyte 1839; childre 1955, 2424, 3339, 4128, 4134, 4140 = Ags. cildru; nede 2052; chaunce 2054: brethere 2136, 2624, 3224, 3268, 3307, 3333, 3335, 3338, 3361, 3367, 3381, 3450, 3453, 3454, 3476, 3560, 3940, 4005; mervaille 2264; frende 2473; score 2626; thousande 2727; dawe 2824; schipe 2959, 4335, 4336; streme 2983; borde 2985: gode 3225; darte 3458; yere 3731; thynge 3737; lynage 4275; tente 4683; fare 4889.

c) **en, n** z. B. brethren 915; bretheren 2214; children 933; sistren 2334; wepen 1794, 5120; eyene 3408 ist eine doppelte Pluralbildung, nämlich mit n und e. Historisch berechtigt ist n nur in wepen = ags. wǣpen neben wǣp(e)nu und eyene = ags. eaȝan.

Die anderen Beispiele sind Analogiebildungen zur schwachen Deklination.

d) **Umlaut** men 640, 933, 4987; wommen 639; wymmen 933; fomen 3565; teth 1830; fet 1833; brether 2683; ky 4741. In den unter c) aufgeführten Formen brethren und bretheren liegt ebenfalls eine doppelte Pluralbildung vor, nämlich durch Umlaut und n.

e) **Flexionslosigkeit**, worin man den alten neutralen ags. Plural erblicken muss, z. B. yer 627, 654, 793, 1759, 1946, 2079, 2124, 2134, 2150, 2231, 2247, 2559, 2560, 2579, 2626, 2820, 3708, 3729, 3741, 3743, 3829, 3851, 3912, 3930, 4158, 4594, 4600, 5374, 5376 = Ags. ȝear; thousand 3050, 3058, 4738, 4739, 4740; sayl 4700; schep 4740; pound 5273. Dieser Gebrauch ist nun auch auf andere Worte übertragen, z. B. mawmet 817; ston 1795; fen 1900, 3092; strok 2056; stour 2056, maystri 2250; eyr 2387; half 4349. In den Verbindungen two nyght 1322, [fiftene] wynter 2125, 2180, 2220, 2275, 2278, 2616. 2689, 3970 vertritt der Sing. den Plur. als Bestimmung eines Zeitraums. Doch wird auch schon im Ags. winter im Plur. neutral gebraucht also winter und wintra.

2. **Casus.** Von den casus finden sich nur noch flectierte Genetive. Der Gen. Sing. wird gebildet durch es, z. B. mannes trespas 209; kynges doughtres 278; concordes sake 2803; londes destructioun 3249; schames deth 3461; bestes deth 3813; kynges wille 3880; lordes hous 3902; feverynges deth 3934.

Die Eigennamen bilden den Genetiv ebenfalls mit es, z. B. Kaymes synne 202; Setymes sone 265; Pelles sone 342; Belynes heritage 4258.

Geht der Eigenname auf einen Zischlaut aus, so wird das Zeichen des Genetivs ganz ausgelassen, z. B. Merkurius brother 294; Askaneus sone 395; Saturnus heyr 404; Brutus host 1056. In Noe sones 221 hat man einen lateinischen Genetiv zu sehen, ebenso wie in Goffari 1612 einen lat. Dativ und in Mercurium und Dardanum 297 und 298 lat. Accusative.

Ein alter femininer Genetiv zeigt sich in V. 682 the quene comynge.

In den Genetiven of erthe molde 446 = Ags. of eorðan molde und the name gynnyng 1887 ist das n des schwachen Genetivs abgefallen, was sich schon in ags. Zeit in nordhumbrischen Quellen findet, vergl. Sievers, Ags. Grammatik, Halle 1882, pag. 95, Anmerkung 2.

Dem Ags. entsprechend findet sich 3606 der Genetiv his fader lawes = his fæder laȝas.

Der Genetiv Pluralis bleibt bei den auf einen Zischlaut ausgehenden Worten unbezeichnet, z. B. on Saxons langage 1934; for kynges sake 2781; landes lawe 3715; the fyve yeres ende 3852.

Ein alter Gen. Plur. liegt vor in the brethere wrathe 3268; of tho brethere ost 3359; brethere = ags. broðra.

Gewöhnlich wird der Genetiv mit der Präposition of verbunden, der Dativ mit to, häufiger jedoch mit til, tille, welches letztere eine specifisch nördliche Präposition ist.

Adjectiv.

Von den ursprünglichen Flexionsendungen ist nur e geblieben, das gewöhnlich als Pluralzeichen dient, z. B. elde lawes 462; yonge men 837; olde skathes 1249; faire maneres 1361; softe wordes 1376; elde tales 1949; faire maydenes 2021; envionse felawes 2582; grete strokes 2730; men bolde 3028: heye stretes 3098; sones wyghte 4078.

Besonders tritt dies e hervor in substantivierten Adjectiven, z. B. Englysche 1935; Frankysche 1668; Frensche 4528.

Doch steht als Plural auch die flexionslose Form z. B. gilden apples 287; gret tresours 3335; gret schipes 4603.

Umgekehrt finden wir nun auch häufig e bei einem Sing. Doch ist in diesem Fall das Adjectiv fast immer von dem bestimmten Artikel oder einem Pronomen begleitet, z. B. the laste bale 441; the grete stour 730; that grete slaughter 733; hure gode wille 1406; his grete hardinesse 1574; that gode knyght 1720; the grete richesse 2450; southerne der 2826; northerne werre 2827; the ryghte weye 3691; fresche folk 4076.

Wir sehen in unserm Ms. ein grosses Schwanken in der Beibehaltung und Abstossung des e, denn es lassen sich auch Beispiele gegen diese Regel anführen. Dieses Schwanken zwischen der flectierten nnd unflectierten Form beginnt jedoch schon im Neuags. In den nördlichen Quellen z. B. Orrm sind die flectierten Formen sehr zusammengeschmolzen, während die südlichen Denkmäler konservativer in dem Gebrauch geblieben sind. Da nun das Inner Temple Ms. die Flexionsendungen sowohl beim Adjectiv als auch beim Substantiv fast konsequent erhalten hat, so müssen wir hierin eine Beeinflussung der südlichen Dialekte erkennen.

Ein alter Gen. Plur. hat sich erhalten in alder = ealra, z. B. our alder kyng 898; ther alder sawe 955; alderbest 1786; alderlast 4700; aldermeste 5181. Schon bei Laȝamon finden wir dies ealra als alre, z. B. Laȝ. pag. 178, 15 to wiðe alre hardest; pag. 184, 15 leouest alre monne; pag. 195, 7 alre laðest; pag. 244, 14 alre hæhȝeste; auch als aldre, z. B. 178, 14 of þan aldre hextan.

Comparation.

Diese geschieht durch er und est, und zwar sowohl bei Wörtern ags. als romanischer Herkunft. Durch die Schwächung der Vokale in den Endsilben ist hier die doppelte Bildung nicht mehr zu erkennen. Das e ist nämlich die Schwächung des goth. i und o. Wenn nun auch der ursprüngliche Vokal verloren ist, so zeigen sich doch einige Umlautsformen, die nur durch i hervorgerufen sein können, z. B. eldest 249, levere 957, ferrer 1101, strengeste 1301, lenger 1732, strenger 1805, yengest 2286.

Andere Steigerungsformen sind: fayrest 511, wyser 590, doughtiest 1289, nobleste 1290, esyest 1902, yongest 1981, heyer 2112, gentilest 2202, baldest 2587, wrother 2599.

Die Formen der unregelmässigen Steigerung zeigen sich in: mo 211, nomare 234, more 247, mor 249, evermere 722, namore 972, most 729, mest 2340, lasse 247, lesse 1421, lest 2341, bettere 1215, beste 1225, wors 2441.

Die analytische Steigerung mit more und most entsprechend dem frz. plus und le plus ist nicht zu belegen.

Adverb.

Das Adverb, das im Ags. mit e als der Instrumentalform des Adjectivs gebildet wurde, erscheint auch hier als e z. B. faste 634, muche 761, stille 763, swithe 851, unethe 1879, longe 1880, evene 4604. Das Ags. lice als Adverbialform der Adjective auf — lic begegnet als:

1. lik, like z. B. felonlike 493, fullyke 1499, merveyloslike 1700, olyke 3462, onlike 5234, deflike 5329.
2. liche z. B. lothliche 2042.
3. ly z. B. frely 883, boldely 1009, queyntely 1131, hardely 1686, wysly 1945, angrily 2043, apertely 2482, prively 2511, schamely 5147, grevously 5148.

Wie im Ags. ist auch das unflektierte Adjectiv bisweilen als Adverb gebraucht, z. B. fol 452, quit 564, fair 623, feir 3160, ful 634, tyt 708.

Die Comparation geschieht wie beim Adjectiv mit er und est mit Ausnahme der Adverbien auf lik, like, liche, die den Comparativ mit loker bilden, z. B. boldeloker 918, felonloker 3037, honourabloker 4486, tristiloker 4873.

Auch erhärtete Casusformen dienen als Adverbia:

a) genetivische Adverbia sind: elles 655, unethes 1179, sones 1872, sonders 3181, asondres 3506, sonderlypes 3888, ageynes 4882.

b) whilom 964 ist Dat. Plur. = ags. hwîlum.

c) accusativische Adverbia sind, z. B. algate 260, alwey 289, al 304, sithen 314, sythen 3535, syn 4294; even 384; ynow 588, inow 3145, inough 3152, ynogh 3187; yyt 723, yit 1705 yut 2376; ar 781, er 799, or 2778; sone 857, son 3941; lite 1069; unwhile 1418; ney 1880; donward 365, ageynward 389, forward 971, afterward 1384, toward 1390, southeward 2001, upward 2462, northward 2826, bakward 4670.

Aus präpositionalen Verschmelzungen hervorgegangene Adverbien liegen vor in: forsothe 309 = ags. for sôð.; asonder 484, osunder 3426 =

ags. on sundran; amonge 737, togyder 786 = ags. tôgædere, overthwert 860 = ags. oferþweorh, biside 1106, byforhand 1625, obak 3496 = ags. on bæc.

Numerale Adverbien sind: anon 1270 = ags. on ân, twyes 4719, twys 4713, atwo 2679, otwynne 2070, bytwen 1277, bytwene 1726, bitwene 3503, bytwyxt 3192, bytwyxte 544, bytwyxten 364, twyxten 2291, ones 1268, at ones 718, alone 3799, alane 1750.

Partikelhafte Adverbien sind: now 201, by 291, forby 4282; hider 638; thyder 678; thenne 661, thanne 789, tho 680; ynne 748, in 1228, wythynne 1064; so 780, also 851; beforn 800, byfore 2938, bifore 1178, byforen 1466; thus 853, ther 867, there 1024, thar 1383, thore 1494; up 915, hethen 971, thethen 1052, thien im J. T. Ms. entsprechend V. 4207 des L. Ms., eft 1058; out 1131, wythoute 1065; forth 1146; behynde 1158, byhynde 1570; opon 1235; here 1515, her 1521; above 2299; whyder 2491, fro whence 866; wher 3206, aywhere 721, ellewhare 1215, nower 5086.

Verbale Adverbien, die meist als Versfüller dienen, sind: wel y hope 226, y understond 310, y understonde 944, as seith the sawe 1383, y trowe 1532, 3460, 4288, as seyth the date 1758, so seys the bok 1766, as aventoure fel 2968, als ywene 3718, als y fynde 3786, I hope 4438, as ye may se 4160.

Zahlwort.

Cardinalia.

1 an 626, a 706, one 1583, on 1439, o 1288 = ags. ân.

2 twa 280, two 351, to 659, twey 277, 1658, 5314, tweye 2373, tweyn 486, twaye 296, beye 544, bothe 610

	Masc.	Fem.	Neut.
= ags.	twe3en	twâ	twâ

		Mas.	Fem.	Neut.
3	thre 520 = ags.	ðrî (ðrié)	ðreó	ðreó.

4 foure 793, for 4158 = ags. feówer.

5 fyve 1579 = ags. fîf.

6 six 1709, sex 2739, syxe 351 = ags. six, siex, syx, sex.

7 seven 1499, seve 5171 = ags. seofon.

8 eyghte 3723 = eahta.

9 nyne 1376 = ags. ni3on.

10 ten 2419 = ags. tién, tŷn, tên.

12 twelve 1360, twelf 1611 = ags. twelf.

15 fiftene 854, fyftene 3058 = ags. fîftŷne.

17 seventene 2627 = ags. seofontŷne.

20 twenty 742 = ags. twênti3.

22 two and twenty 714.

24 foure aud twenty 1946.

25 fyve and twenty 2231.

29 nyne and twenty 2203.

30 thrytty 2182 = ags. ðritiʒ.
34 four and thrytty 827.
40 fourty 2134, forty 2800 = ags. feówertiʒ.
49 nyne and fourty 2247.
60 sexti 2180 = ags. siéxtiʒ.
100 hundred 1510 = ags. hundteóntiʒ und hundrað.
200 two hundred = twâ hund.
1000 thousand 1658, thowsand 870 = ags. ðusend.

Zu bemerken ist die Bildung mit score, welches wie das frz. vingt Anwendung findet, z. B. foure score 2626, 4329.

Ordinalia.

1. first 1812 = ags. fyrsta; fyrst 5238, formest 1790, 3513 = ags. formesta; erest 1951 = ags. ærestа. formest ist eine doppelte Superlativbildung, es müsste eigentlich forme = ags. forma = got. fruma heissen, aber das alte Superlativsuffix - m wird nicht mehr als solches gefühlt.
2. other 515, 1956 = ags óðer.
3. thrydde 1324 = ags. ðridda.
4. ferthe 797 = ags. feówerða und féorða.
5. fyfte 5289 = ags. fifta.
15. fiftenthe 4463 = ags. fifteóða.
30. thrittythe 1421 = ags. ðrittiʒoða.

Unbestimmte Zahlwörter.

al 2639, alle 3156; many 1496, manye 3449; fele 1352, 3449, 3484, 4043, 4096; fewe 1019, 1259, fo 1682; lite 875; sers 1297, seer 3048, sere 3506; diverse 1507.

Pronomina.

1. Personalia.

	1. Pers.	2. Pers.		1. Pers.	2. Pers.
Sing. N.	J 553, y 226.	thou 564, thow 2049.	Plur. N.	we 201.	ye 221.
G.	—	—	G.	of us 526.	of yow 603.
D.	me 589, to me 693.	the 547,	D.	us 3228.	you, yow 543, to yow 3492.
A.	me 2427.	the 551.	A.	us 889.	you, yow 1140.

3. Pers.

	Masc.	Fem.	Neut.
Sing. N.	he, hee 781, hey 998, 1481, ha 4558.	scheo 435, scho 1352, sche 519, 2128.	hit.
G.	of hym 798.	of hure 802.	—
D.	hym 610, to hym	hir, hire, hure 292.	—
A.	hym.	hir, hire, hure 644, hyre 2930.	hit.

	Masc.	Fem.	Neut.
Plur. N.		they, thei [J. T. Ms. meist thai].	
G.		—	
D.		them, hem, theym.	
A.		them, hem, theym, theim 2006, ham 1623.	

2. Possessiva.

Von diesen begegnen:

my 1286 ⎫ Vor Vokal und stummen h ⎧ myn 614, 1087.
thy 620 ⎭ ⎩ thyn 2335, 2891.

his, hire, hure 527, 2115, his.

our 947, oure 4310, uur 3489.
your 596.

ther 219, their 482, here 2775, 5271, her 2598, 5290, har 5049. Von der Flexion ist nur bisweilen e stehen geblieben z. B. alle hise men 281.

3. Demonstrativa.

Das ags. Demonstrativpronomen se, seo, þæt begegnet nur noch als flexionsloser Artikel. Der Nom. Plur. they und die Objectscasus sind als theym, them zum Pronomen der 3. Person getreten. Als Demonstrativpronomen zeigt sich nur þæt als that, Plur. tho 217, 1060 auf alle Geschlechter bezüglich.

Das ags. þes, þeos, þis findet sich im Sing. für alle Geschlechter als this, Plur. thyse 221, thys 486, this 4562, these 216, thes 1612.

Andere Demonstrativpronomina begegnen in:

1. ilk 562, ylke 835, dies verbindet sich gern mit dem unbestimmten Artikel = ags. ilca.
2. thilk 5366, thylke 381 = ags. se ilca.
3. swylk 1261, sylk 1522, silk 4270, suche 3161 = ags. swilc (swelc, swylc.)
4. self, selve, selven z. B. myself 4908, thyself 2058, herself 2573, himselt 739, hymself 2917, theymself 2294, themselve 4508, thyselve 2045, hymselve 1617, hymselven 2928, 5183, ourselven 4317, oureselven 3326, = ags. self (seolf, sielf, sylf), das verstärkend zum persönlichen Fürwort hinzutrat.
5. same in Verbindung mit Artikel und Pronomen z. B. that same 1344 = got. sama, ô, ô.
6. yone 4216, 4241 = got. jains, a, ata. Das zugehörige Adverb ist yonder 4216.

4. Interrogativa.

	Masc.	Neut.
Sing. N.	who, ho 1557, 1920, 2736.	what.
G.	whas 1514, 2868, 4865.	
D.	to wham 2701, 4183.	
A.	whom 2466, wham 3134, 4501.	what 4279.

Ein altes Instrumentalis liegt vor in: whi 432, why 1580, how 704.

2. whether 700, 1505 = ags. hwæðer.
3. whilk 756, whilke 729, which 719, whiche 726 = ags. hwilc.

5. Reflexivum.

Dies ist ersetzt durch das einfache Personalpronomen z. B. he bar hym 916, he hym hastede 1033, Brutus bythoughte hym 1077, he hym bywent 1596, to seke hym help 1607, he wold hym mene 1847, he dide hym make 2780, he wolde hym greve 2900, Brenne hym schamed 3119, Yvalon gaf hym 3982, he held hym 4212, he peyned hym 4402, bere hym meke 4540, he hem to hym drow 4550, he conseilled hym 4580, he dred hym 4593, forto venge hym 4851, enbusched hym 5036, mad he hym redy 5048, they drowe hem 5070, yelde hym 5139, he avaunced hym 5190, he hym meketh 5219.

6. Indefinita.

1. an 626, a 766, one 1583, on 279, o 1287 = ags. ân; none 215, non 1521, no 1062 = ags. nân.
2. som 1459 = ags. sum, Plur. somme 1976, die Zusammensetzung somwhat 2079.
3. ought 1260, 5170 = ags. â-wiht, auht; nought 1525 = ags. nâwiht, nauht.
4. men 1557, me 5124.
5. any 1179, ony 1185 = ags. âniȝ und ǣniȝ.
6. whoso 2693.
7. eyther 1245 = ags. æȝhwæðer; neyther 1177 = ags. nâhwæðer.
8. eche 540, 5080 = ags. ælc; everyche 4399.

Verbum.

Bei diesem ist zwischen schwachem und starkem zu unterscheiden; das letztere hat Einbusse erlitten durch den Übergang in die schwache Conjugation.

I. Starkes Verbum.

Dasselbe bildet seine Formen durch Reduplikation oder Ablaut. Von starken Verben begegnen wir folgenden:

a. Reduplizierende Verba.

Praet. Sing.	Praet. Plur.	Part.
let 814, 1852, 3207, 3795, 4830.	leet 283, 2245.	laten 5175. leten 2371. letted 3348.
forlet 3623.		
hight 264. highte 273, 2222. hat 1723. hatte 2224, 4221.	highten 516.	het 595, 1753.
byhet 4554.		
blew 1170, 1827.	blewe 3530.	blowe 1117.
upblew 2979.		
threw 1826.	threw 2961, 3421.	
knew 1119. knewe 1507, 2681.	knew 1171, 3388, 4472. knewe 1464.	unknowen 2766.
hew 2960. hewe 2680.	hew 3420. hewe 4392.	hewen 2734.
grew 2978.		
held 609, 792, 816, 873, 1045, 1189, 1353, 1874.	held 1670, 5077. helde 917, 1735, 2579, 3583. helden 302, 2820, 3945.	holden 1201. holde 4749.
biheld 482, 1900, 3091. byheld 1898, 1902, 2024, 3092, 4215.	byheld 505. byhelde 1572.	
fel 510, 799, 815, 1003, 1568, 1965, 2086, 2120, 3160, 5015.	felle 5038. fulle 1182. fullen 2770, 3480.	falle 2384.
bifel 1181.		
bot 1405, 4426.	bot 3041. beot 4411.	
	lopen 4755.	
henge 3633.	henge 3490. hongeden 3458.	
wepede 2937.		
slepte 290, 1387.		
dredde 1029.	dredde 1068. dredden 3304.	drad 4154. ydrad 5335.
yede 1380, 1560, 1672, 1810. yed 1607. yod 1545.	yede 484, 1594. yode 1414. yoden 4669.	gon 557, 565, 1026, 1865, 2457, 3118, 4462, 5374. goon 1072. go 1508, 1787.

Praet. Sing.	Praet. Plur.	Part.
overyede 2637.		
dide 299.	diden 2748, 4575, 5278.	don 946, 1253, 1740, 2788, 2915, 3065, 3280, 4748.
did 988.		ydon 502.
dyde 1054, 2567, 2780.		do 4348, 4891.
dede 3007, 4264.		
ded 1669.		
fordide 206.		
fordyde 3115.		
fordede 2145.		
tok 601, 612, 692, 1084, 1716.	toke 537, 2746, 2749.	taken 1015, 1022, 2049, 3029, 3117, 4370.
took 202.	tok 1432.	take 3010, 3656, 3909, 3938.
tooke 807.		ytake 5304.
bytok 599.		
overtok 3795, 4453.	overtoke 1103.	
mystok 5148.		

b) Ablautende Verba.

1. Klasse.

Praet. Sing. ags. a (o), ea	Praet. Plur. u	Part. u, o
sprang 3423.	sprong 3531.	
gan 242, 1363, 1850.	gon 494, 876, 881, 1325, 1430, 1695, 2655.	
	gonne 1011, 1637, 3919.	
bigan 441.	bygon 2684.	
bygan 1053.		
began 1010.		
wan 382, 1446, 1567.	wonne 2549, 3285, 3553, 3695.	wonnen 1195, 2970, 3133, 4713.
	wan 2575.	wonne 4164, 4187, 4190, 4212.
	wonnen 3307.	ywonnen 4116.
sank 4426.		
ran 420.	ronne 3694, 5006.	ronnen 3132, 4117.
	ronnen 1902.	
overran 2609.		overronnen 4719.
fand 1985.	fond 1328, 1356, 1437, 1450, 1470.	founde 1024, 1250, 4480.
fond 789, 867, 1040, 2473, 4832.	fonde 1447.	
fonde 2997.	found 3968.	
	founde 843, 849, 1338, 3561.	
	founden 1175.	

Praet. Sing.	Praet. Plur.	Part.
halp 1725.	halp 4731. halpe 5208.	
brast 2273. brost 3205.	broste 2985. brosten 1842.	
	rong 3530.	
faught 480, 1573, 4448, 4552.	foughte 483, 2958. foughten 3478. faught 786, 1792.	fought 1796.
		yolden 5246.
thoughte 540, 583, 1031, 1388, 1405.	thoughte 984. thowte 3356.	ythought 2896.
bythoughte 1077.		
overthoughte 2359, 2739.		
broughte 1367, 2527. brought 817, 820.	broughte 1270, 2932, 3145.	brought 638, 1224, 1299, 2912, 3060.
		milked 1368.

2. Klasse.

Praet. Sing. ags. ǣ	Praet. Plur. ǣ	Part. o
nam 865.	nam 219, 1622, 1868. nom 3597. nome 755. nomen 706, 1009, 4374, 4642.	nomen 1681, 2569, 2768, 4223, 4628, 5074. nome 5104.
bynam 2691.		
spak 332, 1513, 1996, 2042, 2172, 2236.	spak 391. spek 901, 1222. speke 1266, 3317.	spoken 951, 1880, 2032, 3266, 4533.
brak 400, 1534, 2043.	brak 1660, 3045.	brokene 2037.
bar 287, 916, 1383, 1493, 1506, 3197.	ber 3474, 3544. bere 3520.	born 440, 799, 802, 832, 1017. boren 2879, 4902.
schar 2679.		
cam 263, 1854. com 258.	cam 229, 1178. came 826. come 1337, 1436, 1788. comen 1443, 1694, 2344, 3435, 4736. com 2954, 3881.	comen 705, 1290, 1680, 2729, 5075. come 1673. ycomen 1008.
overcam 1712		overcomen 2568, 4883. overcome 4919, 5105.

3. Klasse.

Praet. Sing. ags. æ (ea)	Praet. Plur. ǣ̂	Part. e (i)
gaf 303, 912. yaf 315, 3901.	gaf 224, 2566. gave 2760. gaven 4189. gef 1829. geven 1311.	gyven 697, 779, 1629, 1987, 1990, 3081.
lay 291, 666, 856, 1856, 3057, 4382, 5044.	leye 1729. leyen 2750.	leyn 949. leyd 1388.
gat 292, 678, 909, 2130.		geten 359. gete 810. get 648.
forgat 680, 2074, 3176. furgat 2517, 5092.		forgeten 2370.
sat 477.		
et 3794.		
saw 1050, 1638, 1767, 3461, 4443, 4644, 4814, 4828, 5046, 5060. saugh 497, 939. sey 863, 925, 1003, 1278, 1578, 2102, 4375, 4686.	sawe 1779, 3409, 3500. sowe 4679. saye 1574. seye 3003, 3540. seyen 4563.	sen 2873, 3207, 5154. sene 628, 4157. seen 2537, 4870.
bad 681, 840, 931, 1199, 2522, 3402, 4733. bed 783.	bed 307, 4018.	
forbed 1520, 2356.		
		wroken 3465.

4. Klasse.

Praet. Sing. ags. ô	Praet. Plur. ô	Part. a [ea].
stod 583, 1815, 2164.	stod 1558, 2739. stode 1038, 1555, 1572, 1664. stoden 505, 600, 1556, 1666, 4665, 4668.	
understod 925, 2327.		
wythstod 3821.		

Praet. Sing.	Praet. Part.	Part.
drow 862, 1052, 1890, 2010, 2140. drew 1841.	drow 686, 3051. drowe 683, 872, 1333, 1416, 1479, 1663, 4184. drough 4769. updrowe 1792. withdrowen 1672.	drawen 4438.
slow 861, 992, 1539, 1603, 2000, 2141.	slow 1172. slowe 1174, 1333, 1793, 1799, 2549. slowen 1659.	slayn 340, 786, 1000, 1244, 1605, 1708, 2110.
swor 1540, 2301, 2445, 4795.	swore 2717, 3463.	sworn 3080. sworen 3890.
schok 1832.		
forsok 611, 2147, 3900. fursok 3935.	forsok 3644.	forsaken 2048.
wax 838, 1558, 1665, 1905, 2144, 2981, 2999, 3702, 3763, 4925. wox 2634. wex 3594.	woxe 2983. woxen 1895, 1897.	waxen 885, 2565, 2707.
	schope 5311. schopen 4574.	schept 4373.

5. Klasse.

Praet. Sing. ags. â	Praet. Plur. i (eo, io)	Part. i (ie).
wrot 4461, 4862. wrote 4859.	wrot 725, 3720.	wryten 1627, 1771. writen 4497. write 4069.
smot 4404, 4422, 4431, 5055.	smot 3040. smyte 1789. smyten 1652, 1664, 1795, 3043.	smiten 432, 760, 2732.
rod 1698, 2513.	rod 4413. ryden 3413, 2759. overrod 3301.	riden 4117.
abod 2512, 3433.	aboden 4664. abyden 3470.	byden 3412.

Praet. Sing.	Praet. Plur.	Part.
ros 774, 991, 1404, 1816, 1878, 4156, 5323.	ros 2992, 3366.	risen 977, 983.
	agros 2983.	
drof 2099. dref 1599.	drof 1667. dryve 3975. driven 1419.	dryven 3846.
schon 3401, 3406.		
		ryven 1855, 4637.
	strike 4392. stryken 3696. striken 1743.	
	throf 1894.	
	striven 2137.	

6. Klasse.

Praet. Sing. ags. ēa	Praet. Plur. u	Part. o
les 370, 738, 2973, 3056. lees 1566.	lees 719. lost 3443.	lorn 212, 1254, 1571, 2475. loren 3539. ylorn 2451. lost 2773.
		forloren 1467.
ches 227, 1561, 1961, 1964, 2578. chees 339.	ches 1975, 3916, 3925, 4010. chose 3388, 3989. chosen 3979.	chosen 1302, 3308.
sok 3210.		
schet 1531, 3804.	schet 1143. schote 2964. schoten 3444, 5050. schotte 3038. schotten 1039.	schoten 2069, 3806.
flowe 996. fley 5295. fled 1473, 1595. fledde 2966, 2972, 4444.	fley 1417, 2269, 4475. fleyghe 1576. fledde 439, 720, 1019, 1535, 2774, 3048, 4383.	fled 1732, 2991. flayd 1151.
bylok 3211.		loken 952, 2945, 4151. loked 1063.
clef 1598.		cloven 4429.
		corven 4589.

II. Schwaches Verbum.

Dieses bildet das Präteritum durch **de**, das Particip Präteriti durch **d**. Die Einteilung der schwachen Verba in 3 Klassen nach dem Bindevokal i, ô, ai, des Gotischen ist bereits im Ags. in Folge der Schwächung der Vokale nicht mehr eingehalten. Am besten teilt man sie ein in Verba mit Bindevokal und Verba mit abgestossenem Bindevokal. Die Flexion ist im Präteritum meist nicht mehr vorhanden, nur ein e ist bisweilen erhalten, an einigen Stellen auch en = ags. on. Von den unflektirten Präteritis sehen wir ab und führen im folgenden nur die flektirten Formen beider Klassen vor, da doch bei den meisten Verben flektirte und unflektirte Formen zu gleicher Zeit auftreten.

a) Verba mit Bindevokal bilden das Praet. und Part. Praet. mit **ed[e]** und **ed**.

Praet. Sing.	Praet. Plur.	Part.
lerede 276.	callede 360.	called 1869.
schewede 704, 1352, 3243.	passede 1431, 1434, 1468.	bygged 456.
ascapede 744.	aryvede 1435.	ascaped 372. skaped 1131.
lyvede 852, 868, 1129, 3612.	liveden 216. lyvede 1957.	corouned 501. corowned 2249.
lovede 852, 868, 1129, 3612.	robbede 1439.	loved 781. yloved 777.
merveillede 976.	fillede 2402.	ordeyned 545.
hastede 1032.	lessede 2436.	struyed 724.
byhovede 1078.	armede 2766. armeden 3475.	armed 476.
turnede 1491, 2128.	durede 3282.	busked 938. busched 1106.
sesede 1533, 2627, 2967. seysede 2922.	sesede 3042, 3284.	leved 953.
regnede 2920.	isseden 3475.	drenkled 999.
mariede 2347.	rempede 3501.	perseyved 1134.
colede 2740.	conseillede 3974.	drowned 1184.
storede 2925.	justede 4384.	stored 1433.
rengede 2929.	desgysede 4753.	beryed 1719.
langede 2875.	skirmede 4754.	karoled 1786.
folewede 3649.	wrastlede 4755.	aschamed 1844.
askede 3064.	askede 1129, 1272.	lamed 1845.
tremblede 3204.	suffrede 5104.	chaunged 1939.
sykede 3204.	racoillede 5290.	ysamed 1941.
boldede 3414.		cleped 1973.
lastede 3452.		roted 2117.

Praet. Sing.	Praet. Plur.	Part.
reisede 3573.		wedded 2147.
lyknede 3641.		maked 3110.
wonede 3792.		forfeted 3116.
hopede 3871.		burnusched 4498.
answerede 4224.		
assemblede 4660.		
endede 4801.		
rejoisede 5347.		

b) **Verba mit abgestossenem Bindevokal** bilden das Praet. und Part. Praet. ohne die Einschiebung eines Bindevokals. Dabei ist zu sehen, dass d nach p, f, t, ch, v, s in t übergeht; doch auch an anderen Stellen zeigt sich der Übergang von d in die Tenuis, um Präteritum vom Präsens zu unterscheiden. Der Bindevokal ist ausgestossen:

1. Nach langer Stammsilbe:

Praet. Sing.	Praet. Plur.	Part.
fedde 736.	redden 1202.	lent 1316.
ledde 888, 2349.	ledde 1305.	{ led 643, 1100. / lad 937. }
deide 850, 2257.		hid 1132.
wende 990, 1024, 5014.		kyd 1630.
leyde 2067, 2533.	leyde 2564, 3495.	leyd 2945.
spredde 1386.	spredde 1501.	{ spred 622, 938, 1147, 1403.
spedde 2526, 3157.	spedde 3407, 3699.	yspred 3120. }
purveyde 3183.		
pleide 4757.		

2. Nach p, f, t, ch, v, s:

Praet. Sing.	Praet. Plur.	Part.
kepte 289.	kepte 1124, 3002.	put 2428.
dighte 664, 1690.	fruschte 3035.	dyght 939, 1312, 1634, 1817.
sette 818, 1155, 1553, 5224.	sette 2109, 2395, 3471.	{ set 596, 647, 1625, 1632.
triste 1706.	wythsette 2930.	yset 1633. }
mette 1512, 1552.	mette 1428, 2108, 3035.	desconfit 1006, 1021, 2966, 4505.
grette 3857, 5225.	{ caste 685, 1041, 1820, 2766, 3039, 4755.	kast 1714.
kiste 1381.	casten 1046, 1795. }	tight 3318.
lefte 2219.	{ lefte 1535. / leften 1365, 3450. }	left 1059, 1256, 2021.
laughte 1991.	glyfte 3408.	

Praet. Sing.	Praet. Plur.	Part.
	refte 3843.	reft 2020.
		overreft 5135.
	pyght 4652.	bayscht 4685.
	picched 4653.	abaischt 5065.
		bitraischt 5064.
		yburnuscht 3631.

3. Bei Stämmen auf ld, nd, rd:

Praet. Sing.	Praet. Plur.	Part.
sende 4724.		sent 1115.
sente 205, 668, 1296, 1503, 3020.		ysent 3706.
wente 314, 1849, 3057.	wente 1118, 1500.	schent 2798.
wende 664.	wenten 1536.	
hente 1848.		blent 4569.
gyrt 1813.		

4. Bei folgenden Verbis:

Praet. Sing.	Praet. Plur.	Part.
calde 317.	calde 281, 732, 3719.	feld 2522.
kende 663.	kende 1126.	
herde 673, 778, 1581, 3186.	felde 3449, 4690.	herd 221.
dwelte 743.		fulfyld 801.
dwelled 2540.		
upstyrte 1222.		wond 5108.
mayntende 3663.		turnd 4436.
mayntened 889.		
ferde 4414.		ferd 2007.
destruyde 5192.		
destruyed 722, 790.		

5. Der Rückumlaut tritt bei folgenden Verben ein:

Praet. Sing.	Praet Plur.	Part.
tolde 2082, 2813, 5008.		told 1354, 1772, 3058.
telde 983, 1350, 1412, 1538, 2514, 2541.		
soughte 1505.	soughten 1730.	sought 3013.
bysoughte 1369.		
taughte 3385.		ytaught 2498.
overraught 1571.	bitaught 2521.	

6. Eigentümliche Bildungen haben folgende Verben:

Praet. Sing.	Praet. Plur.	Part.
made 764, 829.	made 3005. maden 1624, 3700, 3704.	mad 341, 934, 1632. ymad 1640. maked 3110.
bleynt 1531 [v. Inf. blenchen].		
had 268. hadde 264.	hadden 1859, 3727, 3838, 4548, 4718.	
wrought 2264.		wrought 750, 1243, 2087, 3012. ywrought 4057.
dreynte 2017 [v. Inf. drenchen].		
seid 586, 4776. seyd 1389, 2328, 2762. seide 489, 523, 527. saide 594, 1803, 2752.	seyde 708, 849, 2316. sayed 1835. sayden 3011.	said 387. seyd 559, 3951, 4125.

Flexion der Verba.

Praesens.

Die 1. Pers. Sing. endet auf:

e: have 695, vouche 698, sende 955, comaunde 970, come 1160, preye 1644, seye 1740, owe 2325, seke 2492, bykenne 2809

Sie ist ohne Endung in: sey 1097, go 2753, thank 3207, prey 5149.

Die 2. Pers. Sing. endet auf:

s: seys 564, getes 594, selles 656, cones 2050, wones 2051, has 2324, turnes 2461, strykes 2471, fandes 3220.

st: hast 595, getest 596, dightest 2045, yeldest 2053, dost 2061, bryngest 2064, lovest 2318, seist 2334, gyvest 2464, turnest 2466, puttest 2469, mysdost 3220, comest 3230, schapest 3248, thenkest 3252, takest 4790, bedest 4793, revest 4823.

Die 3. Pers. Sing. endet auf:

s: seys 204, 906, 1374, mones 214, byndes 430, semes 535, 577, 604, quemes 578, lyves 581, gyves 582, thynkes 603, heres 633, makes 723, standes 748, sais 1006, byhoves 1080, auntres 1081, lys 1160, gos 1265, comes 1400, recevies 1494, rennes 1496, metes 1497, folewes 1589, gynnes 2426, mournes 2463, myslikes 2470, restes 2580, kestes 2581, dos 2831, begynnes 3102, reches 3107, falles 4827, wynnes 5127.

th: hath 232, 628, dwelleth 250, wytnesseth 465, seyth 543, 1757, thynketh 606, standeth 756, cometh 1251, gladeth 1291, seith 1363, witnesseth 1374, gyveth 2625, dredeth 2829, goth 3101, endeth 3103, wondreth 4304, nareweth 4586, semeth 4587, pleyneth 4789, manaceth 4956, wynneth 5119, yeldeth 5121.

Die 1. Pers. Plur. endet auf:

n: graunten 525, haten 3973, han 543, 1244.

e: seye 234, fynde 257, 388, knowe 300, graunte 530, 531, make 532, gyve 533, preye 534, aske 973, have 1073, dwelle 1236, consente 1268, mone 1359.

Die 2. Pers. Plur. endet auf:

n: han 221.

e: mone 806, knowe 1164, have 1282, crave 1283.

Die 3. Pers. Plur. endet auf:

n: beren 207, sayn 376, ben 837, han 1254, 1255, 1787, 1937, 1941, 3433, 4116, 4520, 4871, 4872, 5157, lyven 1256, 4275, holden 1935, haven 3787, 3788.

e: longe 241, seye 284, write 727, hope 950, loke 1096, 1102, desturble 1109, rynge 1138, calle 2059, 3619, respoune 4247, answere 4249, wynne 4523, tyne 4523.

s: yernes 639, forbedes 640, wernes 641, wytnesses 716, seys 716, hates 1219, lys 1963, seis 2384, receyves 2536, ses 4097, turnes 4522, haldes 4847, reches 5006.

th: maketh 4983.

Ohne Endung: do 837, go 1108, 1643, drow 2473.

Praeteritum.

Wie wir oben gesehen, haben die schwachen Verba die Endung ede, de, te, ed, d, t in der 1. und 3. Pers. Sing., im Plur. haben sie e und en = ags. on als Endung, doch ist diese ebenso oft abgefallen. Die zweite Pers. Sing. endet auf est: haddest 2049, mentest 3243, broughtest 3244, lostest 3245, bythoughtest 4298, myshappedest 4970. Beim starken Verbum hat die 2. Pers. Sing. keine Sonderstellung, sondern ist den übrigen Personen gleich z. B. tok 2479, slowe 2874, bygonne 3238, lees 4894.

Der Conjunctiv des Praes. und Praet. ist in allen Formen gleich und zeigt e z. B. yif thou gyve 579, that scheo tende 655, that my doughter wedde 770.

Imperativ.

Der Sing. endet auf e in: have 605, 620, scheve 631, 637, loke 648, doute 900, merveille 965, conseille 1072, chese 1263, wylle 3219, suffre 5147.

Der Sing. ist ohne Endung in: list 458, 2977, 3208, purvey 615, set 644, lat 649, 658, 1007, graunt 974, sey 1092, bid 1104, lo 1640, 3210, do 3209, 3254, thenk 3215, ley 3218, 3254, rest 3223, lef 3232, com 3253, 4968, wythdraw 3255, sek 3256, lef 4884, schew 5161, tak 5230.

Der Plural endet auf th in: listneth 442, lystneth 2183, 2191, 4619, hereth 539, 3868, doth 2416, felleth 3415. Auf s in: comes 1140, 1545, 1588, 2752, spares 1166, sles 1166, conseilles 1204, fles 1585, helpes 1645, sendes 2524, armes 4376.

Infinitiv.

Die Endung desselben ist n in: gon 307, 501, 3407, 4650, tellen 343, 1466, heren 387, witen 431, wyten 1626, don 528, 614, 3027, 3827, 3884, 5221, ben 529, 1299, 978, 2387, 3231, 3369, 4547, 4759, han 915, 2068, 2439, casten 1037, armen 1177, chargen 1231, holden 1351, 3363, wenden 1485, abesen 1641, purchasen 2215, parten 2291, speken 2363, 2533, 3591, gyven 3071, robben 3222, amenden 3235, werren 3346, traversen 3386, huyden 3419, techen 3691, visiten 3875, sweren 3883, wynnen 4201, 4259, seyn 4296, comen 4348, 4375, 4559, taken 4640, staken 4641, skirmen 4760, suffren 4829, biden 5023, lyven 5351, prechen 5372.

Ohne Endung sind: fyght 470, 1998, 4419, 4696, 5134, fight 928, 1613, 5025, kest 522, 4214, cast 2116, red 864, bryng 892, 2500, heut 992, lok 1199, 1803, 2041, 3007, 4590, 4809, let 1203, rest 1235, 4708, thenk 1238, wait 1239, 1241, tent 1685, lout 2123, 4518, 5177, dight 2161, depart 2338, yeld 3283, ber 3402, graunt 3686, somoun 3939, 4920, bow 4019, set 4086, com 4109, 4961, 5076, ken 4109, put 4306, 4979, assent 4840, smert 4853, hald 4979, help 5115, 5215, hop 1085, haf 2037, sey 699, 2319, assay 1005, 4286, avayl 2865, wex 2519, go 480, 632, 845, 958, 974, 990, overgo 3223, 3777, sloo 844, slo 1202, 1642, 3222, do 890, 1005, 1062, 2561, fordo 4189.

Alle übrigen Infinitive endigen mit Abfall des ursprünglichen n auf e.

Participia.

a. Praesentis. Dieses endet auf:

and, ande: lyvand 602, unwilland 862, myslyvande 1339, chasand 1515, spiande 2754, fleande 3047, passande 3306, lyvande 4091, lykande 4468, rysande 4586, comande 4676, 5019, walkande 4743.

ende: weyfarende 3668.

yng, ynge: lykynge 624, 1392, comynge 1068, preynge 3022, fleyng 3050, konnynge 3143, tremblyng 3192, haltyng 3193, gretynge 3202, sekyng 3667, askyng 4263, 4283.

aunt = gemeinfrz. **ant** zeigt die dem Normannischen eigentümliche Trübung des a vor Nasal: trenchaunt 4423, enclinaunt 5323.

b. Praeteriti. Dieses endet, wie wir oben sahen, auf:

ed, d, t.

In einigen Verben auf:

ede: wastede 1106, rengede 4688.

de: fedde 440.

te: caste 496, sette 2730, uplyfte 3410, aglyfte 3411.

et: venget 1643, chaunget 4118, renget 4379. Diese sonderbare Bildung zeigen auch 2 Praet. Plur.: charget 1440, byseget 3333.

Diesen Endungen des schwachen Verbs entspricht en des starken, oft ist jedoch n abgefallen:
gete 810, founde 1024, 1250, 4480, blowe 1117, go 1508, 1787, come 1673, falle 2384, take 3010, 3656, 3909, 3938, write 4069, wonne 4164, 4187, 4190, 4212, do 4348, 4891, holde 4749, overcome 4919, 5105, nome 5104.

Als Präfix finden wir y in folgenden Verben: ydon 502, yloved 777, ycomen 1008, yset 1633, ymad 1640, ytaught 2498, ythought 2896, yspred 3120, yburnuscht 3631, ywrought 4057, ywonnen 4116, ytake 5304, ydrad 5335.

Unregelmässige Verba.

1) Verbum substantivum.

Praes.:

Sing.	Plur.
1. am 523.	1. are 567, ar 1106, ben 1259, 4301.
2. art 693, 2044.	2. are 1515, ar 1516.
3. is 1375, ys 259, ysse 3789, es 248, 359, 2177, esse 5151.	3. are 233, aren 2190, arn 255, 3211, ar 220, 1458, ben 2425, 4284, be 4516.

Praet.

Sing.	Plur.
1. —	1. —
2. was 4297.	2. ware 3212.
3. was 209.	3. ware 503, 1214, 2857, 3753, war 220, 1550, wore 288, 3559, 5253, wor 1151, 2311, were 212, weren 440, 1207, wer 215.

Part. Praet.: ben 1674, bene 2101, be 2452.

2) will = ags. willan wollen.

Praes.:

Sing.	Plur.
1. wil 556, wyle 769, wol 1093.	1. { wyl 201, 898, wyle 974, wol 1525, wole 1485.
2. wilt 390, 556, wylt 570.	2. —
3. wil 653, wyl 662, wile 632.	3. wille 1249, 4250.

Praet.

Sing.	Plur.
1. wylde 2058.	1. wolde 883.
2. woldest 552, 2298, 2895. wost 884.	2. —
3. wild 802, wylde 2037, wolde 763, 919, wold 772, 1033, 2695, walde 2342, welde 1904, 4240.	3. wold 824, wolden 4760, welde 522.

Praes. Conj. 2. P. S. wile 2592.

Praeterito-Praesentia.

1) **cunnen** — ags. cunnan wissen.

Praes. Sing. 1. P. can 1765, kan 699.

Praet. Sing. 1. P. couth 2485. Plur. 3. P. couthe 1779.

2) **durren, daren** = [ags. durran] wagen.

Praes. Sing. 1. P. dar 1139, 3. P. dar 1136, 2841, 4837. Plur. 2. P. dar 1522.

Praet. Sing. dirst 3566, dirste 1561, durst 5076, durste 2894, dyrste 1044.

3) **thearf** [tharf] = ich habe nötig, ich brauche:

Praet. Sing. 2. P. thertest 4886. 3. P. thart 4889.
Plur. 3. P. thurt 4154.

4) **aȝen** = ags. âȝan eigen haben, besitzen.

Praet. Sing. 2. P. oughtest 4299, 3. P. {aughte 271, 1990, 4126, 5205. oughte 2686.}
Plur. oughte 5209.

5) **shall** = ags. sculan sollen.

Praes.

Sing.	Plur.
1. schal 442.	1. {schal 257, schul 413, 575, 1106, schulle 2884, schol 4314.}
2. {schalt 614, 625, 626, 2062, schal 1085, 1398, schalle 2046.}	2. schul 3493, schulle 3491.
3. schal 491, schall 526, schul 1401.	3. {schol 1107, 1259, 1682, 1683, schul 3428, schulle 546.}

Praet. Sing. 3. P. schold 467, scholde 847, 891.
Plur. {schold 1066, scholde 709, 844, 890, schuld 1299, schulde 3889.}

6) **may** = können.

Praes.

Sing.	Plur.
1. may 1093.	1. mowe 2885.
2. may 569, 619, 1101, 2591, 5263.	2. may 362.
3. {may 260, 564, mai 1269.}	3. —

Praet. {myght 882, 1005, mighte 447, mought 1035, 1569, 1730, 2237, moughte 1693, 2660, 3879, 4553.}

7) **witen** = ags. witan wissen.

Praes.

Sing.	Plur.
1. wot 2633, 4770, 4852, 4929, 5144.	1. wot 4307.
2. wost 2062, 4792, 4952.	2. —
3. wot 2257.	3. wot 726, 3721.

Praet. wist 701, wyst 2534, wiste 707, 826, 986, wyste 1752, 2316.
Part. Praet. wyst 5154. Praes. Conj. Sing. 2. P. wite 4315.

8) mot = ich kann, ich muss.
Praes. Sing. 1. P. mot 4329. Plur. 2. P. mot 1246.
Praet. most 1075, 1285, 3541, moste 1673, 5138.

Nach diesen eingehenden grammatischen Betrachtungen wird es möglich sein, aus denselben auf die Mundart unseres Schreibers zu schliessen. Im 13. und 14. jh. können wir drei gesonderte Dialekte unterscheiden: den nördlichen, den mittelländischen, den südlichen Dialekt entsprechend dem nordhumbrischen, mercischen und westsächsischen und kentischen der ags. Zeit. Es fragt sich nun, welchem dieser Dialekte wir unser Ms. zuzuschreiben haben. Der geeignetste Faktor zur Unterscheidung bietet sich in der Flexion des Plur. Praes. Indic. dar. Unsere hs. zeigt in allen drei Personen als Endung en oder mit abgestossenem n e. Diese beiden Endungen sind im Altenglischen ein Charakteristikum des mittelländischen Dialekts. Da nun nicht ein einziges Mal in der 1. und 2. P. eine nördliche Form auf es oder eine südliche auf eth vorkommt, so muss unsere hs. im Mittellande entstanden sein. Dies ist denn auch das einzige Kennzeichen des mittelländischen Dialekts, das in konsequenter Weise von unserem Schreiber durchgeführt ist. In allen übrigen Punkten tritt uns eine ausserordentliche Mannichfaltigkeit der Formen entgegen, was in der That auch nicht befremdend sein kann; denn ein Dialekt wird sich nicht in scharf markierte Grenzen einzwängen lassen, in den Grenzgebieten wird sich immer ein Schwanken kundgeben. So finden wir nun in unserer hs. nördliche und südliche Formen neben einander, wie es der mittelländische Dialekt nicht anders erwarten lässt. So finden wir:

1) In der 2. P. Sing. Praes. Ind. neben dem nordhumbrischen es auch das südliche est. vgl. Flexion der Verba: Praesens pag. 46.

2) In der 3. P. Sing. Praes. Ind. neben dem nordhumbrischen es das südliche eth.

3) In der 3. P. Plur. Praes. Ind. neben dem nordhumbrischen es das südliche eth.

4) Im Praet. des schwachen Verbs die dem Norden eigentümliche Flexionslosigkeit neben den flektierten Formen des Südens. vgl. Praeteritum pag. 47.

5) In der 2. P. Sing. Praet. des starken Verbs das abgestossene e des Nordens neben dem südlichen beibehaltenen.

6) In der 2. P. Plur. Imper. die dem Norden eigentümliche Endung es und die südliche eth neben einander. vgl. Imperativ pag. 47.

7) Im Infinitiv neben den südlichen Formen auf en, n, e auch die nördliche endungslose. vgl. Infinitiv pag. 48.

8) Neben dem nördlichen Part. Praes. auf and, ande, auch das südliche auf yng, ynge neben dem mittelländischen ende und romanischen aunt. vgl. Participia pag. 48.

9) Im Part. Praet. die starke Form auf en neben dem im Süden oft abgeworfenen n und dem Präfix y bei starken und schwachen Verben. vgl. Participia pag. 49.

10) In der Flexion des Substantivs einige dem Süden charakteristische Plurale auf n. vgl. Substantiv c) pag. 29 und ein femininer Genetiv auf e pag. 30.

11) Die dem Norden eigentümliche Flexionslosigkeit des Adjectivs neben den flektierten Formen des Südens. vgl. Adjektiv pag. 31.

12) Neben der Form des Adverbs auf lik, like, ly die südliche Form auf liche. vgl. Adverb pag. 32.

13) Beim Pronomen der 3. P. die nördliche Form he neben der allerdings nur einmal belegten charakteristischen südlichen Form ha; neben dem nördlichen scho, scheo das mittelländische sche; neben dem nördlichen them, theym, das südliche hem. vgl. Pronomina 1) pag. 34—35.

14) Beim Possessivpronomen neben dem nördlichen their, ther das südliche here, her, har. vgl. Pronomina 2) pag. 35.

Eine im Ostmittelländischen oft wiederkehrende Erscheinung ist die Verschmelzung des Pronomens mit dem Verb, z. B. woltey 1731, reftem 2146, caldyt 2173, 2175, 3575, 3578, 3593, 3616, 3717, 3784, 3855, 4108, lovestou 2308, artow 2334, 2850, 2872, wiltow 2848, 5252, schaltow 2863, 4962, 4971, scholdestow 2893, reftym 3137, 3976, hastow 3206, 4882, 5247, holdem 3357, lostey 3443, caldem 4005, umbclosedit 4689, haddyt 4491, forcedem 4543, heldit 3642, 4975, leftym 3815, havy 4225, getestow 4219, fondyt 5369, sendyt 5308, thertestow 4886, wistey 5071, watchem 5089, leftyt 5355.

Ebenso ist verschmolzen der Artikel oder das Pronomen mit der Präposition: atter pay 399, atte laste 754, 2266, 3199, atte havene 3277, atter dome 3286, atter passyng 3368, atte passage 3408, atter ayse 4143, atte northgate 4485, atter wylle 4544, atte morwentyde 1694, atte firste comynge 5052, atte firste saut 5117, tys 5321 = to hys. An einigen Stellen wird die Kontraktion atte = at the nicht mehr gefühlt und dieselbe wie eine Präposition behandelt: atte the laste 1013, 2992, 3195, atte the ende 1881, atte the comyng 2401, atte her conseille 2598, atte Toteneys 3102.

Ein Hinübernehmen des t des als Artikel angewandten that zum folgenden Worte hat stattgefunden in: the ton 2671, the tother 3379, welche Formen sichkonsequent im Inner Temple Ms. finden.

Eine Verschmelzung von zwei Pronomen findet sich in mes 3770 = me es. me ist durch Abstossung des n aus men entstanden, in der Bedeutung gleich unserm deutschen „man"; es [is] ist das dem Süden charakteristische Pronomen = neuengl. them.

Andere Kontraktionen liegen vor in: thassemble 1656, alyve 2452, tassaille 3244, tabide 4343, Luddesone 4804, thentent 4863, thempyre 5250.

Eigentümliche Kontraktionen begegnen in: wost = woldest 884, schost = scholdest 5234, tan = taken 5276.

Kontraktionen aus der Negation und einem mit w, h oder vokalisch anlautendem Worte begegnen wir in: nis 590, nys 2463, 2493, nyste 864, nave 1253, nadde 2069, 3418, not = ne wot 3771, 3791, nere 3943, 4164, nold 4192, nolde 5306.

Aus der Beliebtheit dieser Kontraktionen können wir schliessen, dass unsere hs. im östlichen Mittellande entstanden ist. Der Schreiber des Lambeth Ms. gehört sonach dem östlichen Mittellande an, vielleicht derselben Grafschaft, Lincolnshire, die auch unsern Dichter hervorbrachte.

V. Verhältnis der beiden hss. zu einander.

Die beiden einzigen bekannten hss. unserer Chronik sind das Lambeth Ms. No. 131 und das Inner Temple Ms. No. 511, 7[1]). Das Lambeth Ms., aus dem der Text genommen ist, befindet sich in der Lambeth Library zu London. Es ist in dem „Catalogue of the Archiepiscopal Manuscripts in the Library at Lambeth Palace“, der 1812 durch Law and Gilbert, St. John's Square, Clerkenwell gedruckt wurde, als No. 131 enthalten und so bezeichnet:

Codex chartaceus, in folio, sect. XIV, foliarum 132. A chronicle of England in olde Englishe meeter from Brute to kyng Richarde the I. ma'de by Piers of Langtofte, Chanone of Bridlington and putte into Englishe ryme by Robert de Brunne juxta Depinge.

Das Ms. ist eine Papierhandschrift mit 132 Blättern, unvollständig am Anfang und Ende. Nach der Überschrift soll es eine Chronik Englands von Brutus bis zu Richard I. sein, nach der Vorlage des Peter of Langtoft, Kanonikus zu Bridlington, durch Robert de Brunne in englische Verse übertragen. Dieser Titel ist jedoch keineswegs zutreffend, sondern offenbar die Zuthat eines ungelehrten Bibliothekars. Hiernach müsste die Chronik des Peter Langtoft die Quelle sein, was jedoch erst von Cadwaladers Tod an der Fall ist. Die Chronik des Langtoft ist in französischen Alexandrinern geschrieben und reicht von den ältesten Zeiten bis zum Tode Edward's I. Unsere hs. hat den Text nur bis zu Richard I., sie ist also unvollständig. Dies wird auch

---

[1]) Den Herren Bibliothekaren der Lambeth und Inner Temple Library Kershaw und Pickering sei hiermit für die liebenswürdige Überlassung der betreffenden Mss. mein verbindlichster Dank abgestattet.

in unserem Ms. ausgesprochen. Auf fol. 132 steht folgende Anmerkung:

This book imperfect. The French of Peter Langtoft in the Cotton Library and also in the Herald's Office ends with the reign of king Edward the first.

Die Folioblätter 132, 133, 134 sind noch mit Linien versehen. Auf fol. 132a steht obige Anmerkung; fol. 133b und 134a sind noch beschrieben, doch in so schlechter Schrift, dass nichts zu entziffern ist. Es folgen darauf noch einige leere Blätter. Die hs. ist jedoch auch unvollständig im Anfang. Man sieht noch ein kleines Überbleibsel eines herausgerissenen Blattes, und aller Wahrscheinlichkeit nach war es auch nur ein Blatt, welches den Prolog zur Chronik enthielt. Dieser Prolog ist enthalten in dem Inner Temple Ms. No. 511, 7. Wie der Name anzeigt, befindet sich dieses Ms. in der Inner Temple Library. Dies ist eine sehr sauber geschriebene Pergamenthandschrift, die der Bibliothek durch William Petyt Esq. geschenkt wurde. Diese hs. ist vollständig und enthält auf 195 Folioseiten die Chronik des Robert Mannyng of Brunne von den ältesten Zeiten bis zum Todesjahre Edward's I. Die Übersetzung des Wace ist enthalten auf fol. 1—95b, Peter Langtofts Übersetzung auf fol. 95b—195a. Den auf fol. 1—23b enthaltenen Versen des Lambeth Ms. entsprechen fol. 1—33b des Inner Temple Ms.

Was nun das Verhältnis der beiden hss. zu einander betrifft, so können wir in Folge der grossen Übereinstimmung des Textes mit Sicherheit behaupten, dass beide aus einer Quelle hervorgegangen sind. Nur an zwei Stellen finden sich grössere Abweichungen. Die Verse 4922—53 des Lambeth Ms.:

Irelgas was the kynges cosyn,
Huwelyn he was nevew myn;
Thyse togedere wolde skirme algate.
Thorow proude hertes ther wax hate,
Thorow hate ther gon wordes ryse
On bothe partys on yvel assise.
Whan ilk had said other wow,
With wrathe to smyte the egge drow;
Thorow a meschaunce, y wot hit was,
Huwelyn slow ther Irelgas.
When the kyng herde thys seye,
The feste was trobled and myrthe aweye;
For the kyng was ful felon
And hastyf until vengaunce boun.
Then seid the kyng until me,

Comaundynge up peyne of al my fe
Huwelyn hym forto sende
That felonye forto amende
And in his court have jugement
Thorow the comunes, ar that they went.
Than thought y wyth herte ful wo,
Yyf y hym sende, he scholde hym slo.
Y sente hym ageyn ful tyt
And of his court asked respit.
A lord y am, a court y have,
Thorow that wold y hym dampne or save.
Yif hit be eyther baron or knyght
That pleyneth hym there, he schal have right.
„The court that thou bedes me to,
Hit schold be myn and schal be so.
Thou wost, hit is myn heritage,
Thou beodes me mys and outrage".

die mit ganz geringen Abweichungen eine Wiederholung der Verse 4762 — 93 sind, ersetzt das Inner Temple Ms. durch 52 andere Verse, die im grossen Ganzen denselben Inhalt haben:

That alle of valow moste and leste
Suld com to London to his feste
Grace tille our God yelde.
With sacrifise as lawe wilde
Graces yolden with sacrifise.
Whan we had don our servise,
Diverse folk in stedes did samen
And diversily plaied thei gamen.
With skirmyng thei bigan to play,
And ilk other with word missay.
My nevow was ther Heylyn,
And the kyng had ther a cosyn.
The kynges cosyn manaced fast
And drouh his suerde at him in hast.
My nevow saw that and oñ him stirte,
Held his suerde for doute of hirte.
Of trewe men thus I it herd,
Bituex tham tuo thus it misferd,
That thorgh a wond that he laught thore,
Up ne ras he never more.
Other wais no man ne wote,
Whedire he felle or he him smote.
The kyng of this apeched me

And comandid on alle my fe,
That I his body to him sent
And at his courte take jugement.
I hope wele, he wild him slo,
The ton suld for that other go;
Therfore I douted him to sende.
I said, I had a courte, I wende,
And lordschip as man of myght:
„Com pleyne him ther and tak his right!“

Da nun die Verszahl in beiden hss. dieselbe ist, so ist man wohl berechtigt, daraus den Schluss zu ziehen, dass dem Schreiber des Inner Temple Ms. eine Wiederholung, die fast wörtlich ist und in diesen Brief schlecht passt, nicht zusagte und er deshalb sein eigenes Dichtertalent versuchte. Im entgegengesetzten Falle könnte man auch und wohl mit besserem Grunde die Ansicht vertreten, dass der Schreiber des Lambeth Ms. sich eine Freiheit erlaubt habe, denn das Original wird sicherlich eine solche Wiederholung ebenfalls vermieden haben. Dafür spricht weiter, dass der Text des Inner Temple Ms. sich genauer an die Quelle hält, was sich auch bei der zweiten wichtigeren Abweichung zeigt, die in den Versen 5282—5355 entgegentritt:

Thenne returned Cesar with hye
To Romeward after his victorie.
Bot ye schul here a wonder-thyng
That fel in Rome after his wendyng.
He had ther mad chef of the cite
Sire Crassus and Sire Pompee.
When they had so al the maistry ther,
And he nought returned the fyfte yer,
They racoillede the Romayns til her wylle
Ageyn Cesar, that fel hem ylle;
For Julius destruyede Rome than
And slow ther lord and gentilman
And Crassus he slow in a tour hey,
Bot Pompeus skaped and faste fley.
Forth into Poylle he chased hym wel;
Ther he byseged hym in a castel,
Braundys hit highte, as men tolde.
Bot that myghte he nought longe holde,
Bot into Egipte then schiped he;
For wel wend he ther siker have be.
Bot Cesar hym suwed ynto that contre
And spak to the kyng, Sire Tholome.
With him was Sire Pompe ytake,

Bot for drede of Julius sake
He nolde meyntene hym namore
Bot his hed dide smyte of thore
And sentyt Julius til present,
And therwyth he to Romeward went.
In al his moste nobleye in Rome,
Right yvele they schope for hym ful sone.
His barons with treson dide hym deye,
Bot Crassus hym mordred for envye.
Twey nevews he hadde bot sone non,
The eldest was cald Octovyon;
The Romayns corouned hym sauns faille.
Then sesed he Braundys and Itaille,
Of Poylle and Grece he tok thacnow
And of alle the reomes byyonde Moungow;
And al the Oryent that other sesed
And tok tys part that the other leved.
Of thritty reomes every kyng
Were enclinaunt til his coronyng.
Suche wrathe bytwyxte the nevews ros sone,
That with batailles to feld they come;
Octovian that other slow anon
And his men desconfyted echon.
Then hadde Rome suche renoun,
That al thyng was in here baudoun.
Then gaf they til the emperour
A newe name for gret honour.
Augustus Cesar they calde hym there,
For thei over alle othere were.
And after that he that name had,
The Romayns were the more ydrad;
For themperour had them under hand,
Al the werld bothe se and land.
Bot Cassibolan was ful joyous,
That this werre was ended thus.
Fiftene after he regned in pes,
Bot no child ne lefte at his deces;
Therfore they corounede Sire Tennuace,
To governe the reome he hadde grace.
Cassibolan was ded, as was pite,
And buryed at York, the gode cite.
With Julyus went forth Sire Androche,
And his brother rejoisede the regalte.
After cam Kymbelyn, Tennuace sone,

That had ful gret grace of Rome;
Of alle his truage they relesed hym ther,
While he scholde regne and lyven her,
So that he nevere ne payed non
To Rome ne to Octovyon.
He meyntened evere his lond in pes
And leftyt his sones after his deces.

Diesen 74 Versen des Lambeth Ms. entsprechen 40 Verse im Inner Temple Ms., die eine genaue Wiedergabe des „roman de Brut“ sind:

Tille Cesar com and mad yqueste,
As ye haf herd in this geste;
Even sexty yere this was beforn,
That Jhesu Christe was born.
Here with alle acordes Saynt Bede
The gestes of Ingland first ye rede.
Whan alle this was brouht tille ende,
And fele went to se ther frende,
Thus say thei that now the estre
That Julius funded first Excestre.
Excestre it hate, this skille is whi
The water hate Ex that rennes therbi.
Tille wynter were gon, Cesar gan bide
And went home in the somers tide.
For grete luf and specialte
He toke with him Sir Androche
And led with tham men of ostages
Of this lond the best lynages.
Seven yere lyved Cassibalan,
Sithen Cesar this lond wan;
To yelde the treuage he was fulle mylde
Ne he had nother wife no childe.
In Yorke forsoth he did his endyng
And biried ther as a kyng.
Tenuacius, was erle of Cornwaile,
Had the regne alle in his waile.
He was Androcheus brother.
Androche was went, ther was non other;
Bot he regned fulle litelle space,
He died sone kyng Tenuace.
After Sir Tenuace fyne
Thei crouned his sone Kymbelyn.
He was norissed at the courte of Rome,

He was gode knyght, wise man in dome.
At Rome tille Kymbelyn was thare,
He mad him knygh[t] Augustus Cesar.
Ten yere he regned kyng,
And in that yere he mad endyng.
Jhesus Criste that yere was born,
So had a prophete tald beforn.

Doch auch an anderen Stellen ist das Lambeth Ms. ausführlicher. Im Inner Temple Ms. fehlen folgende Verse: V. 297—98 incl., 441—42, 1044—45, 1080—81, 1286—87, 1586—87, 1966—67, 2458—71, 2656—57, 2728—29, 2732—35, 3721, 3827, 3949, 4057, 4166—69, 4352—53, 4500—4501, 4552—53, 4568—69, 4716—19, 4749, 4840—43. Es fehlen sonach dem I. T. Ms. im Vergleich mit dem L. Ms. weitere 61 Verse. Diese Zahl wird allerdings etwas verringert, denn umgekehrt hat auch der Schreiber des L. Ms. Verse übersehen. Es fehlen im L. Ms. folgende Verse: 923—24, 1051—54, 1488—89, 3514—19, 3567, 3810—11, 3980, 4380—85, 4892—93. Es fehlen sonach im Vergleich mit dem I. T. Ms. 26 Verse. Obwohl nun das I. T. Ms. bei weitem sauberer geschrieben ist als das L. Ms., so ist der Schreiber des letzteren doch peinlicher und gewissenhafter bei seiner Arbeit gewesen. Nur an zwei Stellen lässt er sich eine kleine Flüchtigkeit zu Schulden kommen, indem er beim Durchlesen der Abschrift das Fehlen des zweiten Reimpaares vermisst, der Schreiber des I. T. Ms. an fünf Stellen, dabei ganz abgesehen von einer Anzahl Verstössen gegen den Reim. Dass beiden ganze Reimpaare entgangen sind, ist eher verzeihlich, da dies beim Durchlesen nicht so leicht bemerkt werden konnte, doch auch in diesem Punkte zeigt der Schreiber des L. Ms. weniger Verstösse. Diese Gründe haben mich bewogen, den Text des L. Ms. zu Grunde zu legen.

Neben diesen wenigen inhaltlichen Abweichungen zeigen die hss. auch einige zum Teil orthographische zum Teil dialektische Verschiedenheiten. Die hauptsächlichsten sind folgende:

Lambeth Ms.	Inner Temple Ms.
scho, scheo, sche	scho
hit	it
them, hem, theym	tham
hir, hire, hure	hir
y, I	I
schal, schalle, schol, schul, schulle	salle
schuld, schulde, schold, scholde	suld
have, han	haf

Lambeth Ms.	Inner Temple Ms.
-aille z. B. bataille	-aile z. B. bataile
-esse z. B. hardinesse	-es z. B. hardines
-ow z. B. slow	-ouh z. B. slouh
-gh z. B. brought	-h z. B. brouht
-aunt z. B. graunt	-ant z. B. grant
-aunce z. B. chaunce	-ance z. B. chance
yif, yyf	if
2. P. Praes. Ind. -es, -est	-es
3. „ „ „ -es, -eth	-es

Aus diesen graphischen und dialektischen Verschiedenheiten können wir nun einen Schluss machen auf den Dialekt der zweiten hs., und zwar ist der des Inner Temple Ms. mehr von dem Norden beeinflusst als der des Lambeth Ms. Dies beweist am deutlichsten die Bildung der 2. und 3. P. Sing. Praes. Ind. mit der dem Norden eigentümlichen Endung -es. Da nun aber im Inner Temple Ms. auch südliche Eigentümlichkeiten entgegentreten, jedoch nicht in so hervorstechender Weise als im Lambeth Ms., so müssen wir den Entstehungsort des Inner Temple Ms. wohl auch im Mittellande suchen, jedenfalls aber nördlicher als den des Lambeth Ms., wenn wir ihn nicht im westlichen Mittellande suchen wollen, was durchaus nicht ausgeschlossen ist, da gerade dieser Dialekt unter dem Einfluss des Nordens sich durch -es in der 2. u. 3. P. Sing. Praes. Ind. kennzeichnet.

VI. Abkürzungen des Schreibers.

Von den Runen finden wir im Lambeth Ms. nur noch þ, das wir im Drucke (Anglia IX) durch th wiedergegeben haben. Diese Rune auch im Drucke festzuhalten, war uns leider nicht mehr möglich, da wir schon während der Kopie der hs. dieselbe in th aufgelöst hatten. Auch das ȝ, welches die hs. noch ab und zu zeigt, haben wir durch gh ersetzt, da es die hs. an mehreren Stellen selbst als solches zeigen. Das jetzige v ist als u geschrieben [im Inner Temple Ms. haben wir auch u = w], wir haben es im Drucke als v wiedergegeben. Das anlautende f ist an einigen Stellen doppelt geschrieben, wir haben die einfache Konsonanz gesetzt. Die üblichen Abkürzungen des Schreibers sind nun folgende:

þ mit einem t auf der rechten Seite oberhalb der Linie = that.
þ mit einem u auf der rechten Seite oberhalb der Linie = thou.
w mit einem t auf der rechten Seite oberhalb der Linie = with.

Ein wagerechter Strich über einem Vokal zeigt fehlendes m oder n an.
Ein wagerechter Strich unterhalb der Linie durch p = per oder par.
Ein wagerechter Strich oberhalb der Linie durch h = her
Ein wagerechter Strich oberhalb der Linie durch ll = lle.
Ein wagerechter Strich oberhalb der Linie durch h des ch = che.
a mit einem wagerechten Strich an der rechten Seite in gleicher Höhe des Buchstabens bedeutet über einem Konsonanten stehend ra.
Ein dem c ähnliches Zeichen über Konsonanz bedeutet ur.
Ein dem c ähnliches Zeichen unterhalb der Linie durch p = pro oder por.
p mit einem kleinen Winkel an der rechten Seite oberhalb der Linie mit nach links zeigender Spitze = pre
Ein dem Circumflex ähnliches Zeichen über Konsonanz = ri.
r mit einen Schleife bedeutet re.
Ein einer offenen 9 ähnliches Zeichen oberhalb der Linie an der rechten Seite von Konsonanten bedeutet er.
Ein der 9 ähnliches Zeichen oberhalb der Linie an der rechten Seite von Vokalen bedeutet us.
Ein dem grossen lateinischen *A* ähnliches Zeichen, nur mit dem Unterschied, dass der Haarstrich schon unterhalb der Linie beginnt = and.

VII. Proben des Textes.

Den 1. Teil der Chronik Brunne's bis zu Christi Geburt haben wir nach dem Lambeth Ms. No. 131 in der Anglia IX, pag. 43—194 veröffentlicht, kollationiert mit dem Inner Temple Ms. No. 511, 7.[1]) Es sei uns hier gestattet als Probestück die Geschichte des Königs Lear und des Ferrex and Porrex vorzuführen, welche Stoffe später dramatische Behandlung gefunden haben. In der Geschichte des Königs Lear und seiner drei Töchter, die auch in andere Chroniken übergegangen ist und auch sonst dichterische

[1]) Soweit mir die Kataloge des Britischen Museums Aufschluss gaben, ist eine Herausgabe des ersten Teils der Chronik [von den ältesten Zeiten bis zu Cadwalader's Tod] noch nicht erfolgt. Doch verweist Helmers „Über die Sprache Robert Mannyng's of Brunne und über die Autorschaft der ihm zugeschriebenen „Meditations on the Supper of our Lord", Goslar 1885, pag. 8 auf einen von Furnivall besorgten Abdruck des Lambeth Ms., von dem ihm mehrere Druckbogen zur Verfügung gestellt worden seien, so dass uns von dieser bewährten Seite wohl bald der ganze 1. Teil zugängig gemacht werden wird.

Behandlung fand[1]), stossen wir auf die Quelle von Shakespeare's Trauerspiel „King Lear". Die Wurzel der Katastrophe in der Erzählung und der Tragödie liegt in der Antwort Cordelias auf Lear's Frage, wobei bei Gottfried v. Monmouth die Bemerkung „tentare illum cupiens", bei Wace 1775—78:

A son père se valt gaber
Et en gabant li valt monstrer
Que ses filles le blandissoient
Et de losenge le servoient

bei Br. 2317 of a gyle hit was abreyde, was ihre doppelsinnige Antwort zur Folge hatte, nicht zu übersehen ist, denn dadurch verfällt Cordelia der den Übermut rächenden Nemesis.

After hym then reyned Leyr
That was his sone and his eyr.
Fourty wynter then regned he.
Upon Sore he made a cite;
Kaerleyr he dide hit calle,
Leycestre the name ys now with alle.
Thre doughtres hadde Sire Leyr,
Mighte he have non other eir.
The eldeste highte Gonorille,
That other Ragaw, the thrydde Gordylle;
Bot Gordylle was yengest
And hure lovede the fader best.
Leyr, when he was in elde,
His lond fol wel myght he nought welde.
He thoughte his doughtres gyve hosebandes
And twyxten hem parten his landes,
Bot of hem first he wolde here,
Which of hem had hym most dere.
He assaied ilk by theymself one
The eldest first of ylkone.
He com and spak to Gonorylle:
„Doughter, sey me now thy wylle

[1]) cfr. San Marte in der Ausgabe der „Historia regum Britanniae" Gottfried's v. Monmouth, Halle 1854, pag. 220—22.

Inner Temple Ms.:

2276. *then* fehlt. 2278. *then* fehlt. 2282. *Leire.* 2283. *eire.* 2285. *The thother Ragau.* 2286. *Gordille scho was yongest.** 2287. *hire lufed the fadere.* 2289. *fol wel* fehlt. 2290. *His douhters he thouht gyf husbondes.** 2291. *Bituex tham departe his londes.** 2292. *Of tham first wald he here.** 2294. *He asked of ilk bi thamself alon.** 2297. *say.*

How mykel woldest thou me love,
Yyf thou were lady me above?“
Whan swylk a word scheo herde nevene,
Scheo swor by the godhed of hevene,
Whether scheo were mayden or wyf,
Scheo wolde love hym as hure lyf.
„Doughter, he seyde, graunt mercy,
Of me thou getes gret curtesy“.
He com and spak unto Ragawe:
„Doughter, sey me the sothe sawe,
How mykel lovestou me wyth wylle?“
And Ragaw thoughte on Gonorylle.
Scheo seide: „Fader, y love the more
Than al that in thys werld evere wore“.
„Doughter, that ys love ynow,
That lovyng schal be for thy prow“.
He com to Gordylle that was yongest,
Of bothe the othere he loved hure best.
Scheo wyste, how that hure systres seyde,
Of a gyle hit was abreyde.
„Doughter, how mykel loves thou me?“
„Fader, scheo seyde, y schal sey the:
Als my fader y have the loved
And everemore schal to be proved“.
„Ne lovest thou me namore mi dere?“
„Yys, fader, thou lyst and here:
Ryght als thou has, so artow worthy,
So mykel love to the owe y“.
That word tok he yvel til herte,
He understod hit al overthwerte.
Scheo seyd nought glosyng til his wille
Als Ragaw dide and Gonorille.
Therfore he answerd thus ageyn:
„Of me the thynkes gret desdeyn
And hast myn elde in despit,

Inner Temple Ms.:

2298. *wild.* 2300. *that word scho.* 2301. *suore.* 2302. *wyfe.* 2303. *lyfe.* 2304. *saied.* 2305. *grete curtasie.* 2307. *the* fehlt. 2308. *lufes thuo.* 2309. *Ragawe thouhte of.* 2310. *luf.* 2311. *Thañ.* 2313. *Thi lufyng salle falle for.* 2314. *Gordille the yongest.* 2316. *wist how hir sistres said.* 2318. *mykille lufes thou.* 2320. *fadere.* 2321. *And ever salle to be reproved.** 2322. *Ne* fehlt. 2323. *fadere, thon listen.* 2325. *ouh.* 2326. *toke he ille to hert.* 2327. *understode.* 2328. *said not glosand to.* 2329. *Ragawe.* 2331. *think grete.* 2332. *has, despite.*

Of myn for evere thou art quyt.
Thou seist nought as thy sistren seis,
Thyn answere ys nought so curteys;
Therfore y schal myn heritage
Gyve thy sistres in mariage.
They schol depart hit theym bytwene
And thou ther fro quit and clene.
Of them alle y loved the mest,
And now y se, thou loves me lest".
Gordylle walde namore seye
Ne strive ageyn bot yede hure weye;
Ne he ne saide namore til hire
Bot wente fro hure al in ire.
In thys tyme that they were wrothe,
He mariede the othere doughtres bothe.
The kyng of Scotland that on dide wedde,
Henmus of Cornewaille Ragaw hom ledde;
They accorded alle at her pay
To parte the lond al by his day.
Dame Gordylle with waththe sche went
Of many men mikel was byment,
That sche hadde no warisoun
Neyther of rente, lond ne toun;
And he forbed hire lord to take
In his lond for warison sake.
Therfore he schamede hure sore
And hure overthoughte mykel more
The wraththe of hure father, the kyng,
Wel more than any other thyng.
Aganyppus, the kyng of Fraunce,
Herde speken of Gordylles chaunce;
Alle men leyde on hure gret pris,
That sche was fair, curteys and wys,
And thoughte, yyf he myght hure have,

Inner Temple Ms.:

2334. _Thou sais not als thi sistres sais._* 2335. _Of thin ansuere so curtais._* 2338. _salle departe tham betuene._ 2339. _quyte._ 2340. _y chirest the maste._ 2342. _nomore wild say._ 2343. _Ne_ fehlt. 2345. _He wente away fulle of ire._* 2347. _maried._ 2348. _the ton wedde._ 2349. _Hemus, Ragawe._ 2351. _al_ fehlt, _daie._ 2352. _wrath._ 2353. _ment._ 2355. _Nother rent of lond ne toun._* 2358. _Therfor aschamed hir so sore._* 2359. _hir forthouht._ 2360. _hir fadere._ 2361. _Thanne the tynselle of other thyng._* 2363. _speke of Gordille._ 2364. _How men said of hir grete pris._* 2365. _faire._ 2366. _He thouht if._

Al his honour schold sche have.
He sente messegers to Leyr,
To wedde his doughter he was in speyr;
Bot Leyr had nought yit forgeten,
How lyghtly sche had of hym leten.
Leyr sent hym ageyn to seye,
His land was gyven to his doughtres tweye.
Hure body on hym he vouched save,
With hure nought elles myghte he have.
To Leyr he sente yut eft ageyn
And seyde Leyr for certeyn,
That he ne askede non other thyng
Bot onlike his doughter yyng.
Leyr then graunted them also sone.
With hure to wende they made hem bone,
To schip they wente and up the sayl,
They askede namore apparayl.
Now ys hure falle the fairest chaunce,
Gordylle ys mad her quene of Fraunce.
Thenne tho men, that kyng Leyr
Had ordeyned to ben his eyr,
They nolde soffre hym nought to take
Hys owen purpre forto make.
When the duk of Cornewaille
Al the South tyl hym gan taylle,
Manglanus, the kyng of Scotlond,
The North he tok hit til his hond.
Leyr was al at ther baundoun,
And they sette hym to lyversoun;
They sette hym honourable to be
With fourty knyghtes of meygne.
Leyr held hym payed of that covenaunt,
To holde hym that they swore the graunt.

Inner Temple Ms.:

2368. *sent messengers to Leyre.* 2369. *speyre.* 2370. *nought* fehlt. 2373. *He had gyfen his lond to douhtres twey.** 2376. *yut* fehlt. 2377. *And teld hym for certayn.** 2378. *ne* fehlt. 2379. *only.* 2380. *And Leyre granted tham alsone.** 2382. *schippe thei went, saile.* 2383. *Asked thei non aparaile.** 2384. *fallen fairest chance.* 2385. *her* fehlt. 2386. *Lo thenne.* 2387. *ordeynd.* 2388. *Thei suffred hym no thyng to take.** 2389. *awen purpir.* 2390. *Hewyn, the duk of Cornwaile.** 2391. *The South to hym gan he taile.** 2392. *Meglan, kyng of Scotland.** 2393. *he* fehlt, *toke to his hand.* 2394. *al* fehlt. 2395. *set him to liverison.* 2396. *set, hym* fehlt. 2398. *Leyr was payed of that covant.**

Wyth Menglanus was Leyr, the kyng,
Ful wel served atte the comyng.
Sone afterward they fillede of Leyre
And dide his livere forto apeire;
After the peirement of his livere
Were abated of his meyne.
The quene, his doughter Gonorille,
Hure thoughte most scorn and ille,
Of the meyne, hure fader held,
Gret outrage scheo hit held.
Sche seyde until Manglanus:
„Folyly hold we this meyne thus
That mykel thyng al day notes,
And my fader in elde dotes
To halde swylk a squierye,
A gret costage in ryotrye.
Therfore, y rede, doth als y seye,
Lat somme of hem go ther weye.“
Then was ordeyned to lesse ther men,
Of fourty knyghtes abyded ten.
Then was Sire Leyres rente abated.
He avaunsed first hure that hym hated;
Scheo was first maried of alle,
And first dide scheo his honour falle.
Alas! to fewe childre men fynde
That ben to fader and moder kynde!
Now gynnes Leyr to myslyke.
„Sone, he seyde, they gynne me swyke
Fro myn above y am put lowe
And yit schal more wythynne a throwe.
Myn other doughter wyl y prove,
They scheo be wroth to my behove.
And dight hym wyth his apparaille
To wende into Cornewaille.

Inner Temple Ms.:

2400. *Maglanus.* 2401. *Fulle wele served at the gynnyng.** 2402. *filled Leyr.* 2404. *apayrment*, 2407. *Hir thouht most scorne.* 2408. *meygne, fadere.* 2409. *Grete outerage scho it teld.** 2410. *Scho said unto.* 2411. *Fouly.* 2414. *holde.* 2415. *grete.* 2416. *thou do as J say.* 2417. *som of thise go forth ther way.* 2419. *abatid ten.* 2420. *Than was Leyre rente abatid.* 2421. *He avanced hir that first him hatid.** 2424. *Alas! fo schildre men fynde.** 2425. *That to fadere and modere be.* 2428. *Of myn above.* 2429. *schal* fehlt. 2431. *What scho is worth to my behove.** 2433. *And went him, Cornwaile.*

He dwelt nought ther fullyk a yer,
That they ne made hym gret daunger
And lèssede his knyghtes and other men;
Of thritty they abated ten
And yit of twenty abated fyve,
Than wold Leyr han ben of lyve.
„Alas! he seyde, y hider cam,
Fro wycke until wors y nam!“
To Gonorille agayn he yede;
He wend, sche wold have mended his nede,
Have gyven hym als scheo hadde byforn.
Sche swor by God that hure leet be born,
That scheo ne wolde day ne nyght
Halde bot hym and a knyght.
Thenne bygan Leyr to sorewe,
And ment his mone even and morwe.
The grete richesse, he hadde byforn,
Al was aweye and ylorn.
„To longe alyve have y be,
That evere schold y thys day se.
Ensample of me men may take
And warnyng of sibbe for my sake.
Y hadde richesse, now have y non,
My wyt and al myn help ys gon.
Lady Fortune, thou art chaungable
On day art thou nevere stable.
Noman may of the affye,
Thou turnes hym doun that er was heye;
That now ys doun upward thou turnes,
Wyth the nys non that he ne mournes.
Bot there thou gyvest thy love-lokyng,
He ys worschipėd als a kyng;
And whom thou turnest thy lokyng fro,
Sone ys he doune yn sorewe and wo.
The unkynde thou wilt upreyse,
The kynde thou puttest to meseysey.

Inner Temple Ms.:

2434. *He had not bene ther fully a yere.** 2435. *mad, grete dangere.* 2436. *lessed, his other men* = *and other men.* 2441. *wik unto wers.* 2443. *wald amende* = *wold have mended.* 2444. *gyffen, as he had beforn.* 2445. *suore that God lete hir be born.* 2447. *holde.* 2448. *sorowe.* 2449. *morowe.* 2451. *Alle it was away lorñ.** 2452. *Now overlong olyve haf J bene.** 2453. *That this ever J suld haf sene.** 2454. *Forbisen bi me* = *ensample of me.* 2455. *And warned be for my sake.** 2457. *witte and my happe.* V. 2458—71 fehlen im I. T. Ms.

Wyth kyng and erl, when the myslikes,
Ther welthe awey to wo thou strykes.
When y had god and welthe ynow,
Then fond y frende that to me drow;
Now poverte ys put me byforn,
That al ther sight fro me ys lorn.
Ther love schold lange to me thorow ryght
That schewe me of love semblaunt ne syght.
Dame Fortune, thy lovely lok
And thy gode wille fro me thou tok,
When y blamed my doughter yyng
And gaf no kepe til hure kennyng.
That seyde me soth apertely:
„Als y had, so was y worthy.“
And also mykel scheo loved me,
Scheo seyde bettere than y couthe se.
Hure word nothyng y ne understod
Bot mad me wroth, y couthe no god;
Y parceyved nought, what was hure tent,
Bot now fele y wel what scheo ment.
Y fele hit wel, the sothe hit endes,
Whyder may y now to seke my frendes?
Yyf y seke hure for any frame,
They sche me weyne, scheo nys to blame;
For y defended hure my lond
Ne nought hure gaf ne hure ne fond.
Natheles hure wol y seke,
Y fond hure evere god and meke.
Wisdam sche has me ytaught,
Wysdam schal make hure with me saught;
Yyf y may nought bryng hure therto,
Wors than the othere may sche nought do.
Scheo seyde a thyng, y schal now prove,
Als hure fader scheo wolde me love;
And als scheo seyde, prove schal y
Hire kyndenesse and hure curtesy.“

Inner Temple Ms.:

2472. *gold, ynouh.* 2473. *My frendes unto me fast drouh.** 2474. *povert put me beforn.* 2475. *of me.* 2476. *me* fehlt. 2477. *Thei mak of luf semlant ne sight.** 2478. *lufly loke.* 2479. *toke.* 2485. *said better.* 2486. *J understode* = *y ne understod.* 2487. *gode.* 2488. *tente.* 2489. *wel* fehlt, *mente.* 2491. *Whidere, now* fehlt, *me frendes.* 2493. *And scho* = *They sche.* 2495. *Ne nought J gaf hir ne fonde.** 2496. *Nevertheles hir wille.* 2497. *gode.* 2498. *tauht.* 2502. *He said.* 2503. *sho wild.* 2504. *sho said.* 2505. *Hir kyndnes and hir curtasy.**

When Leyre had longe sore syked,
His mone ment and myslyked,
He dighte hym als of chaunce
Right over the se forth into Fraunce;
Up at Calays he havene hent,
To the quene prively he sent.
At a cite he abod,
Whyle a man his message rod
And telde the quen al his cas,
And how he up aryved was;
How hys doughtres had wyth hym wrought,
Al his meschef furgat he nought.
Gordille, when sche wyste the pleynt,
Hure faire colour gan wex al feynt.
Al that scheo had yn hure power
Scheo bitaught hit the messeger
And bad hym go hym forto atyre
Wyth-honour to come and speke wyth hire.
„Bot byforn sendes my lord, the kyng,
And warne hym of his comyng."
The messager spedde hym swythe
And broughte Leyr tydyng blythe.
Untyl another cyte he yede
And dight hym al that hym was nede.
When he was dight at hys wylle,
To the kyng he sent and Gordylle,
That he was ryved yn that contre
To speken the kyng and his doughter se.
When he wyst, that Leyr schold come,
Agaynes hym ful faire they nome,
And fair receyves hym aforn the quen
Als a man, he hadde nought seen.
He comaunded yn hys kynedam
To worschipe hym, where that he cam.

Inner Temple Ms.:

2506. *sighed.* 2508. *als o chance.* 2509. *And over the se he ferde to France.** 2510. *At Kaleis up heven he hente.** 2511. *sente.* 2513. *tille, the massage rode.* 2514. *teld the quene.* 2517. *mischefe forgat he nouht.* 2518. *wist.* 2519. *gan alle to feynt = gan wex etc.* 2520. *powere.* 2521. *messengere.* 2523. *forto com speke with.* 2524. *beforhand send my.* 2526. *messenger sped.* 2527. *brouht Leyre tithyng blythe.* 2529. *al* fehlt. 2531. *He sent to the kyng and Gordille.** 2532. *aryved.* 2533. *To speke with the kyng his douhter to se.** 2534. *Leyre.* 2535. *Ageyn fulle faire thei nom**. 2536. *faire receyved him for the quene.* 2537. *sene.* 2539. *that* fehlt.

When he had dwelled longe space
And telde, how his doughtres dide him chace
Sire Aganyppus was curteys,
He samned an ost of his Fraunceys
And comen wyth Leyr over the se
To helpe to wynne agayn his fe.
Gordille with hure fader went
Wyth leve of hure lord, his host had sent.
The dukes sone byforn hem they fond,
They slowe them bothe and wonne the lond.
Thre yer after was he kyng,
In ful seysyne made hys endyng.
Dame Gordylle he made his heyr,
In Leycestre sche leyde hure fader Leyr
In a temple solempnely.
The temple highte temple Jany,
Sone after, fel the chaunce thus,
Deide hure lord Aganyppus.
In hure widewehod sche had the honour
Fyve yer als conquerour.
Hire two sistres had two sones;
How they dide the story mones.
Gonorilles sone highte Morgan,
That other Condage, a noble man.
When thys Morgan and thys Condage
Waxen were and of age,
To Gordylle they gaf bataille,
And scheo ageyn dyde hem travaille.
First were they bothe overcomen,
And at the laste Gordille was nomen
And held hire longe in ther prison,
For hure myght go no raunson.
When no raunson myght for hure go,
Herself for sorewe dide sche slo.

Inner Temple Ms.:

2541. *he teld = and telde.* 2543. *his* fehlt. 2544. *com with Leyre, see.* 2547. *had* fehlt. 2548. *sone* fehlt. 2549. *slouh, wañ.* 2550. *yere.* 2551. *In plenere seisen did.* 2553. *Laycestre, Leyre.* 2555. *The name was temple Jani.** 2556. *the chance felle thus.* 2557. *died.* 2558. *widouhed.* 2559. *yere as.* 2562. *Gonorille soñ hight Morgan.** 2563. *the tother.* 2567. *travaile.* 2569. *At the laste Gordille thei nomen.** 2570. *preson.* 2572. *Hirself for sorow did.*

Anmerkungen.

V. 2278. G. v. M. II, 11: Sexaginta annis patriam viriliter rexit.

W. 1705—6:
Léir tint l'onor quitement
Soisante ans continuelment.

M. Brt. 2759—60:
Adunc regnoit li rois Leïr,
Sexante ans out la regiun.

Laȝ. p. 124, 6—7: Sixti winter hefde Leir
þis lond al to welden.

V. 2280. G. v. M.: Britannice Kaerleir.

W. 1699:
Kaërléir a non.

M. Brt. 2764:
Kaërleïr.

Laȝ. 123, 21: Kaer Leir hehte the burh.

V. 2281. G. v. M.: Saxonice Leir-Cestre.

W. 1700:
Léecestre.

M. Brt. 2767:
Leïrcestre.

Laȝ. 123, 23-24: þa we an ure leod-quide
Leirchestre clepiað.

Die Erwähnung des ehemaligen Wohlstandes dieser Stadt und der späteren Vernichtung derselben ist eine Hinzufügung des W. und Laȝ., die sich aber bei G. v. M. und im M. Brt. nicht findet. Jedenfalls ist es eine Anspielung auf die Zerstörung von Leicester durch William Rufus 1176 während des Aufstandes des Grafen Robert of Leicester. cfr. Nichols „History of Leicestershire" vol. I. pag. 72, vol. II. pag. 356, 358,

V. 2284. G. v. M.: Gonorilla.

W. 1709:
La première fu Gornorille.

M. Brt. 2772:
L'ainz neie out a num Goronille.

Laȝ. 124, 14: þa ældeste dohter haihte Gornoille.

V. 2285. G. v. M.: Regan, Cordeilla.

W. 1710:
Ragaü, Cordéille.

M. Brt. 2773:
Ragau, Cordeïlle.

Laȝ. 124, 15—16: Ragau, Cordoille.

V. 2286—87. Ausserdem berichten W., M. Brt. und Laȝ. von ihr, dass sie die schönste der 3 Töchter ist.

W. 1711:
La plus bèle fu la puisnée.

Laȝ. 124, 16—17: Heo wes þa ȝungeste suster
a wliten alre vairest.

V. 2292—93. Alle übrigen Quellen geben auch den Grund an von Leyr's Frage. G. v. M.: Sed ut sciret quae illarum majore regni parte dignior esset.

W. 1719—22:
Mais primes voloit essaier
La quel d'eles l'avoit plus chier.
Li mius del siens doner volroit

M. Brt. 2784—89:
Mais cele avra meilor partie
Ki d'eles trois plus est s'amie.
Entresait vult primes savoir

A cele qui plus l'ameroit.	U puet greinnor fiance avoir Et la quele plus l'amera, En quele mains s'afiera.

Laȝ. 125, 8—11: Ac ærst ic wille fondien
Whulchere beo mi beste freond
and heo scal habbe þat beste del
Of mine drihlichen lond.

V. 2301. G. v. M.: Interrogante ergo illo Gonorilla prius numina caeli testata est, patrem sibi *plus* cordi esse quam animam, quae in corpore suo degebat.

W. 1729—32:	M. Brt. 2806—11:
Gornorille li a juré Du ciel tote la déité, Mult par fu plain de boisdie, Qu' ele l'aime *mius que* sa vie.	Droiz est que tu aies m'amor, Mes cuers t'aime par grant dulchor, Si n' i a puint de fausetei, Del ciel t'en jur la deïtei: Asseiz *plus* aim lo cors de toi Que je ne fac l'arme de moi.

Laȝ. 126, 6—13: Leofe fæder dure,
swa bide ich godes are,
swa helpe me Apollin
for min ilæfe is al on him
þat *leuere* þeo ært me æne
þane þis world al clane,
and ȝet ic þe wlle speken wit
þeou ært *leouere* þene mi lif.

V. 2304—5. G. v. M.: Quoniam senectutem meam vitae tuae praeposuisti, te, charissima filia, maritabo juveni quemcunque elegeris cum tertia parte Britanniae.

W. 1731—39:	M. Brt. 1812—21:
Fille, fait-il, bien m'as amé Bien te sera guerredoné, Car prisié as mius ma viellece Que ta vie, ne ta juénesce. Que tot le plus prisié baron Que tu en mon raine esliras, Se je puis, à signour aras, Et ma tère te partirai, La terce part t'en liverrai.	Respunt li perres: „bien as dit; Bien sai, ne m'as mie en despit. Tu en avras bun gueredum: Dunrai toi al meilor barun Ki est en mun regne u envirun, Selunc la tue ententiun, U chevalier u bacheleir, Sel vues avoir et demandeir; Bretainie en trois parz partirai, L'une partie t'en dunrai.“

Laȝ. pag. 126, 10 ff.: Ich þe Gornoille seuge,
leue dohter dure,
god scal beō þi meda
for þira gretinge.

Ic am for mire ældde
swþe vnbalded,
and þou me leuoste swþe
mar̄ þan is on liue.
Ich wille mi drihliche lōd
a þreo al to-dalen,
þin is þat beste deal.
þu ært mi dohter deore
and scalt habben to lauerd
min alre beste þeī,
þeo ich mai uinden
in mine kinne-londe.

V. 2310—11. G. v. M.: Deinde Regan (—) jurejurando respondit: Se nullatenus conceptum exprimere aliter posse, nisi quod ipsum super omnes creaturas diligeret.

W. 1748—51:

chertainement
Io t'aim sor tote criature,
Ne t'en sai dire altre mesure.

M. Brt. 2836—41:

„Perre, ne t' aim pas fausement,
Tot as mun cuer entierement;
Se je bien t'aim, cho est droiture;
Iceste amor vient par nature.
M' amistiez est envers toi pure,
Plus t'aim que nule creature."

Laȝ. 127, 21 ff.: Al þat is on liue
nis me swa dure
swa me is þī an lime
forðe min ahȝene lif.

V. 2312—13. G. v. M.: Credulus ergo pater eadem dignitate, quam primogenitae promiserat, cum alia tertia parte regni eam maritavit.

W. 1751—54:

Mult a ci, dist-il, grant amor,
Ne te sai demander grignor;
Et je te donrai bon signor
Et la terce part de m'onor.

M. Brt. 2844—49:

„Fille, fait il, bien as parlei,
T'amors m'est mult a volentei.
Altreteil part cum ta seror
Doneir te voldrai de m'onor;
Si te querrai tun mariage
A un home de haut parage."

Laȝ. 128, 8 ff.: þea þridde del of mine londe
ich bi-take þe an honde.
þu scalt nime louerd
þer þe is alre leowost.

V. 2318—25. Die Antwort der Gordylle ist bei G. v. M.: Est uspiam, mi pater, filia, quae patrem suum plus quam patrem diligere praesumat? non reor equidem ullam esse, quae hoc fateri audeat: nisi jocosis verbis veritatem celare nitatur. Nempe ego dilexi te semper ut patrem: nec adhuc a proposito meo divertor. Etsi a me magis extorquere insistis, audi certitudinem amoris, quem adversus te habeo: et interrogationibus tuis finem impone. Etenim quantum habes, tantum vales, tantumque te diligo.

W. 1781—90:	M. Brt. 2867—81:
Qui a nule fille qui die	„Sire, fait ele, entent a moi
A son père, par présomtie	Ie t'aim ainsi cum faire doi;
Qu'ele l' aint plus que ele doit.	Mais je ne sai ne je ne voi
Ne sai pue plus grans amór soit	Que cil ki vult sun pere ameir
Que entre enfant et entre père,	Del droit puint puist ultre passeir;
Et entre enfant et entre mere;	Sum pere puet l'um bien ameir
Mes père es et j'o aim tant toi	L'amors ne seit plus haut munteir.
Comme j'o mon père amer doi.	Cum peire t'ai toz tans amei,
Et por toi faire plus certain	Encor n'en ai mun cuer tornei.
Tant as, tant vax et j'o tant t'ain.	Se de m'amor vues plus avoir,
	La certeeid en puez savoir;
	Puis laisse esteir tun demandeir,
	D' enquerre avant ne m'apresseir;
	Tant as, tant vaus, et je tant t'aim,
	C'est li respuns selunc lo claim.“

Laȝ. 129, 12 ff.: þeo art me leof al so mi fæder
and ich þe al so þi dohter.
Ich habbe to þe sohfaste loue,
for we buoð swiþe isibbe,
and swa ich ibide are
ich wille þe suge mare.
al swa muchel þu bist woruh
swa þu velden ært,
and al swa muchel swa þu hauest
men þe wllet luuien;
for sone heo bið ilaȝed
þe mon þe lutel ah.

V. 2326—27. G. v. M.: vehementer indignans. Dies wird bei W. und Laȝ. in sehr schwarze Farben übertragen.

W. 1793:	M. Brt. 2882—83:
De maltalant devint tos pers.	Ot le li rois s'est curuciez,
	A poi de duel n'est esragiez.

Laȝ. 130, 12 ff.: þe king Leir iwerðe swa blac
swlch hit a blac cloð weoren.

Dazu kommt bei Laȝ. noch eine Ohnmacht.

V. 2331—41. G. v. M.: Quia in tantum senectutem patris tui sprevisti, ut vel eo amore, quo me sorores tuas diligunt, dedignata es deligere, et ego te dedignabor, nec usquam in regno meo cum tuis sororibus partem habebis. — Non dico tamen, cum filia mea sis, quin te externo alicui (si illum fortuna obtulerit) utcunque maritem. Illud autem affirmo, quod numquam eo honore quo sorores tuas te maritare laborabo. Quippe cum te hucusque plus quam ceteras dilexerim: tu vero me minus quam ceterae diligas.

W. 1801—20:

En despit, dist-il, éu m'as
Qui ne volsis, ne ne daignas
Respondre comme tes sorors:
A eles deus donrai signors
Et tot mon raine en mariage,
Et tot l'aront en éritage,
Chascune en ara la moitié,
Et tu n'en aras jà plain pié
Ne jà par moi m'aras signor,
Ne de tote ma terre un tor,
Io te chérissoie et amoie
Plus que nul autre, si quidoie
Que tu plus des autres m'amasses,
Et ce fust drois se tu quidaisses;
Mais tu m'as rejéhi afront
Que tu m'aimes mains que ne font;
Tant com j'o toi plus en cherté,
Tant m'éus tu plus en vilté.
Iamais n'ara joie del mien
Ne jà ne m'i ert bel de ton bien.

M. Brt. 2886—2913:

„Fille, fait il, vers moi entent,
Respundu m'as mult folement;
Ne m' aimes pas en tun corage,
Ainz me tiens vil pur mun eage.
Quant [tu] ma viellece as despite
Et t'amor m'as si cuntredite,
Ne ne m'aimes pas autretant
Cum tes serors distrent devant,
Puis que d'amor es vers moi dure,
Or mais n'avrai ge de toi cure.
Ge te soloie plus ameir
Que tes serors et honoreir,
Or seras par moi desdeignie,
Vilment et pauvrement traitie.
[Et] tote ma terre et m'onors
Sera doneie a tes serors,
Marierai les hautement
A hauz baruns et richement;
A toi n'avrai pas bun corage
Ne ne querrai tun mariage.
Mais giens ne di cho nequedent,
S'uns aliiens d'estrange gent
Parole a moi ki te demant,
Que ne t'i duinse maintenant.
Ne te dunrai or ne argent,
De ma terre n'avras neient,
Tote iert a tes serors doneie;
Greignor amor i ai troveie.

Laȝ. 130, 1 ff.: Of mine dohtren þu were me durest,
nu þu eært me alre læðest.
Ne scalt þu næuer halden
dale of mine lande,
ah mine dohtren
ich wlle delen mine riche
and þu scalt worðen warchen
and wonien in wansiðe.
For nauer̄ ich ne wende
þat þu me woldes þus scanden.
þar fore þu scalt beon dæd, ich wene,
fliȝ ut of min eæh-sene!

þine sustren sculen habben mi kinelond
and þis me is iqueme.
þe duc of Cornwaile
scal habbe Gornoille
and þe Scottene king
Regau þat scone,
and ic hem ʒeue al þa winne
þe ich æm waldinge ouer.

V. 2349. G. v. M. XII: Henvinus;
W. 1941: Hennin. M. Brt. 2922: Hennins.
Laʒ. 143, 9: Hemeri.

V. 2362. G. v. M. XI: Aganippus Francorum rex (—) quia tertiam partem Galliae possidebat.

W. 1846:
Aganipus *uns rois* de France.

M. Brt. 2940—41:
Aganippes ki dunc regnoit,
Ki sire et *rois* de France estoit.

Laʒ. 132, 15 ff.: In France wes *a* king
(—)
Aganippes wes ihaten.

V. 2368—69. G. v. M.: Contigit deinde quod Aganippus (—) continuo nuncios suos ad regem direxerit, rogans ut Cordeilla sibi conjugali teda copulanda traderetur.

W. 1849—52:
Bries et messages envoia
Al roi Léir, si li manda
Que sa fille à moillier voloit,
Envoiast li, il la prandroit.

M. Brt. 2948—62:
A Leïr tramist ses messages,
Des plus raisnables, des plus sages
Ki estoient en sun païs,
Tot a sur els sun cunsel mis;
Lo roi Leïr sa fille mande.
Et cil funt tot quant qu'il commande.
Il s'aturnent mult richement,
La meir passent hastiwement.
En Bretaine se sunt entrei
Si unt lo roi Leïr trovei;
Lor parole li unt mostreie,
Unt li sa fille demandeie.
Mult bien furnirent lor message
Por atorneir lo mariage
Et parlerent avenantment.

Laʒ. 132, 21 ff.: He sende hiis sande
(—)
He bæd hine dō is iwille
ʒeuen him Gordoille.
and he heo wolde habben

hæȝe to are quene,
and æfter hire don ærest
þat hire were alre leofust.

V. 2372—75. G. v. M.: At pater (—) respondit, sese libenter illam daturum, sed sine terra et pecunia; regnum namque suum cum omni auro et argento Gonorillae et Regan, Cordeillae sororibus, distribuerat.

W. 1856—62:
Et al roi de France a mandé
Que tot son raine a devisé
Et à ses deus filles doné;
La moitié à la primeraine
Et l' autre après à la moiaine,
Mais se sa fille li plaisoit
Il li donrait, plus n'i prandroit.

M. Brt. 2969—77:
„Seinor, fait-il, mult volentiers
Dunrai ma fille a vostre roi,
Lo mariage bien otroi;
Mais une rien sachiez de voir,
Ni avra terre ne avoir,
Quar ses serors ki sunt ainz neies
Ai de mun regne ahireteies;
Marieies sunt hautement,
Tot unt mun or et mun argent."

Bei Laȝ. ist die Antwort Leyr's auf die Werbung des Aganippus in der Form eines Briefes (pag. 134, 2—135, 16) gegeben, in dem Cordoille's Enterbung ausgesprochen ist.

V. 2376—79. G. v. M.: misit iterum ad Leirum regem, dicens (—) se vero tantummodo puellam captare.

W. 1867—70:
Al roi Léir de recief mande
Que nul avoir ne li demande,
Mais seul sa fille li otroit
Cordéille, si li envoit.

M. Brt. 2993—3003:
Ses messages tost en renvoie,
Lo roi Leïr par els remande
Qu' od sa fille rien ne demande,
Mais la pulcele seulement,
Quar asseiz a or et argent,
Possessiuns et grant poissance,
Sue est la tierce parz de France;
Ne li quiert eil que la meschine,
De li voldra faire roïne;
Mult sera liez s'en puet avoir,
Pur sa terre tenir, un hoir.

Bei Laȝ. rechtfertigt der verliebte König seinen Baronen gegenüber seine Neigung zu der enterbten Cordoille mit seinem Reichtum, und schickt erst dann seine zweite Botschaft. Diese Liebessehnsucht nach der enterbten Gordylle übergeht nur Br., doch ist dieselbe durch die zweite Gesandtschaft des fränkischen Königs bedingt.

V. 2392. G. v. M. XII: Maglaunus.

W. 1886: Maglamis

M. Brt. 3043: Maglaus

Laz. 137,19: Maglaunus.

V. 2395. lyversoun = frz. livraison Auslieferung, Lieferung. to set to lyversoun = Auslösung geben. Diese besteht nach V. 2397 in seinem und seiner 40 Ritter Unterhalt. Bei W. ist dies deutlicher ausgedrückt:

W. 1888—94:
Mais il li ont aparillié
Que li uns d'als l'ara od soi,
Si li trovera son conroi
A lui et à ses escuiers.
Et à *cinquante* chevaliers
Que il aut honoréément,
Quel part que il ara talent.

M. Brt. 3402—49:
Li dus d'Albanie tot devant,
Maglaus, li ot en covenant
Qu 'il lo tendroit en sa maisun
Et feroit li trestot sun bun;
Avroit od lui de cevaliers
Quarante bacheleirs legiers,
Kil serviroient main et soir,
Feroient li tot sun voloir.

G. v. M.: Concordia tamen habita, retinuit eum alter generorum Maglaunus dux Albaniae cum *sexaginta* militibus ne secum inglorius maneret.

Bei Laȝ. besteht Leir's Ausstattung in „*feowerti* hired cnihtes mid horsen and mid hundes and hauekes."

V. 2407. G. v. M. giebt hierfür auch einen berechtigten Grund an: indignata est Gonorilla filia ob multitudinem militum ejus, qui convicia ministris inferebant, quia eis profusior epinomia non praebebatur. Dieser Zug fehlt bei Br., kehrt dagegen wieder in der Rede der Gonorille bei W. und Laȝ.

V. 2411—17.

W. 1911—30:
Que doit ceste assamblée d'omes.
En moie foi, sire, fol somes
Que tel gent avons ci atrait.
Ne set mes pères que il fait
Il est entrés en foie rote;
Jà est vius hom et si redote;
Honiz soit qui mes l' an cresra,
Ne qui tel gent por lui paistra.
Li sien sergant as nos estrivent
Et li lor les nostres esquivent.
Qui poroit sofrir si grant presse?
Il est faus et sa gent perverse;
Jà n' ara hom gré qui le sert,
Qui plus i met et plus i pert.
Mult est faus qui tel gent conroie
Trop en i a, tignent lor voie.
Mes pères est soi cinqantisme,
Désormais soit soi qarantisme
Ensamble od nous, où il s'en alt
A tot son poeple, et nous que calt?

M. Brt. 3082—87:
En secroi dist a sun seignor
Q' asseiz avroit sis peire honor,
Se XX chevalier solement
Lo servoient a sun talent;
Als altres XX cungié donast,
Cels retenist qu'il meaz amast.

Bei Laȝ. ist diese Rede der Gornoille enthalten p. 139, 19 bis 141, 8. Dieselbe zeigt noch weniger von Kindesliebe als bei W.

V. 2419 hat das I. T. Ms. die richtige Lesart in abatid statt abyded des L. Ms., denn alle Quellen, mit Ausnahme des M. Brt., geben die Verminderung der Dienerschaft auf 30 an. G. v. M.: Proinde maritum suum affata jussit patrem obsequio triginta militum contentum esse.
W. 1935:
De cinquante le mist à trente.
Laȝ. 140, 22: Jnoh he hauet on þirti.

V. 2421—33. An dieser Stelle fassen sich G. v. M., W. und M. Brt. kürzer, ersterer hat nur: Unde rex iratus relicto Maglauno petivit Henvinum ducem Cornubiae.

Bei Laȝ. entsprechen pag. 142, 16—143, 10.

V. 2437—38. G. v. M.: Quamobrem Regan in indignationem versa praecepit patri cunctos socios desere praeter quinque, qui ei obsequium praestarente.

W. 1946—47:
De trente homes l'ont mis à dix
Puis le misrent de dix à cinc.

M. Brt. 3106—9:
Al roi Leïr est corrocie,
Osteir li rueve sa maisnie,
Ses homes li rueve guerpir,
Fors V ki lui puissent servir.

Bei Laȝ. finden wir an dieser Stelle ein Zwiegespräch zwischen Hemeri und Regau, doch überbietet hier der Gatte die Frau, die die Ritter ihres Vaters nur bis auf 10 verringert haben will, während Hemeri ihm nur 5 lässt. In dem Gespräch zwischen Maglaunus und Gornoille ergriff ersterer die Partei des Leir, um diesen vor der Unbill seiner habgierigen Gemahlin zu schützen.

V. 2452—2502. W. 1961—2020:

Las moi, dist-il, trop ai vesqu
Quant jo ai cel mal tans véu,
Tant ai éu, or ai si poi.
Où est alé quanque jo oi?
Fortune trop par es muable,
Tu ne pues estre un jor estable,
Nus ne se doit en toi fier:
Tant fais ta roe fort torner,
Mult as tost ta color muée
Tost es chaoite, tost levée.
Cui tu veus de bon oil véoir
Tost l'as monté en grant avoir
Et dès que tu tornes ton vis,
Tost l' as d'auques à néant mis.
Tost as un vilain halt levé
Et un roi em plus bas torné:
Contes, rois, dus, quant tu veus, plesses

Que tu nule rien ne lor lesses.
Tant com jo sui rices manans
Tant ai jo amis et parans;
Et dès que jo, las! apovri,
Sergans, amis, parens perdi,
Jo n' ai si bon apartenant
Qui d'amour me face samblant.
Bien me dist voir ma jone fille,
Que jo blamoie, Cordéille,
Qui me dist tant com jo aroie
Tant amés et prisiés seroie.
N' entendi mie la parole,
Ains la haï et tinc por fole.
Tant com jo oi et tant valui
Et tant amés et prisiés fui;
Tant trovai jo qui me blandi
Et qui volontiers me servi:
Por mon avoir me blandissoient,
Or se destornent, s'il me voient;
Bien me dist Cordéille voir
Mais jo nel sot aparcevoir,
Ne l' aperçui, ne l' entendi,
Ains la blamai et la haï
Et de ma tère la caçai
Que nule rien ne li donai;
Or me sunt mes filles faillies
Qui lors estoient mes amies,
Qui m' amoient sor tote rien;
Tant com jo oi alques de bien;
Or m' estuet cele aler requerre
Que jo caçai en altre terre;
Mais jo comment la requerrai
Qui de mon raine l' o caçai,
Et nonporquant savoir irai,
Se jo nul bien i troverai.
Jà moins ne pis ne me fera
Que les aisnées m' ont fait ça.
Ele dist que tant m' ameroit
Comme son père amer devoit,
Que lui dui jo plus demander?
Déust moi ele plus amer
Qui altre amor me prométoit,
Por moi los angier le faisoit.

Diese Klage Leir's steht bei G. v. M. XII, 34—53, im M. Brt. V. 3195—3292, bei Laȝ. p. 145, 5—148, 24.

V. 2512. G. v. M.: venit ad Karitiam, ubi filia sua erat. Expectans autem extra urbem, misit.

W. 2027:
De fors la cité s' arestut.

M. Brt. 3307:
Li rois dehors la citei sist.

Laȝ. 149, 12—14: Leir king wende on ane feld
and reste hine on folden.

V. 2519. G. v. M.: flevit amare.

W. 2035:
Cordéille com fille fist.

M. Brt. 3326—31:
A poi qu' ele de duel ne rage;
Por sun pere out lo cuer dolent
Sie en plora mult tendrement;
De la novele est mult dolente,
Par soi meïsme se demente,
Mult granz pitiez al cuer l'en prent.

Laȝ. 150, 8—9: Heo iwarð reode on hire benche
Swilche hit were of wine scēche.

V. 2522. Das atyre ist bei W. genauer definirt. V. 2043—48:
Face soi bien aparillier,
Paistre, vestir, laver, baigner.
De roiax vestiment s'atort
Et à grant onor se sojort.
Quarante chevalier retiègne
De maisnie, qui od lui viègne.

G. v. M.: deditque nuncio praecipiens ut patrem ad aliam civitatem duceret, ibique ipsum infirmum fingeret, et balnearet, indueret et foveret. Jussit etiam ut quadraquinta milites bene indutos et paratos retineret.

Bei Laȝ. 150, 22—152, 8 wird die Freigebigkeit der Cordoille noch breiter und ausführlicher geschildert, ebenso im M. Brt. 3332—3386.

V. 2530. Das dight at hys wylle ist bei W. 2056—60 erklärt:

W. 2057—60:
Quant Léir fu bien sojornés,
Baigniés, vestis, et atornés
Et maisnie ot bien conrée,
Bien vestie et bien atornée.

M. Brt. 3399—3403:
Reposeiz est si est baigniez
Et de dras bien rapareilliez:
Del bien qu' il ot fu plus ligiers,
Si a mande des chevaliers
Si en retint quarante od soi.

V. 2540—41. Bei G. v. M. XIII erfährt Aganippus den Verrat seiner Schwäger gleich bei der Ankunft des vertriebenen Leir: Mox ut regio apparatu et ornamentis et familia insignitus fuit, mandavit Aganippo et filiae suae, sese a generis suis expulsum esse e regno Britanniae et ad ipsos venisse ut auxilio eorum patriam suam recuperare valeret.

M. Brt. 3423—3428:
Li rois Leïr fist sa clamor
Del tort et de la deshonor
Que li unt faite si dui gendre,
Ki ne li volent s(e) honor rendre,
Desheritei l'unt de sa terre,
Ne il ne pot suffrir lor guerre.

W. hat nichts von einem Bittgesuch Léir's, doch giebt ihm bei seiner Rückkehr Aganippus ein Heer nebst seiner Gemahlin mit. Nach Laȝ. 156, 16—157, 14 kehrt er nach Jahresfrist mit Cordoille und 500 Schiffen mit Rittern beladen in sein Land zurück, um dies seinen Schwiegersöhnen zu entreissen, und es in Cordoille's Hand zu legen.

V. 2553. G. v. M.: Cordeilla vero regni gubernaculum adepta sepelivit patrem in quodam subterraneo, quod sub Sora fluvio intra Legecestriam fieri praeceperat. Erat autem subterraneum illud conditum in honorem bifrontis Jani. Auch Laȝ. und W. bezeichnen diese Begräbnisstätte Leir's als „temple Jani." Nach dem M. Brt. ist diese dem „deus Janviers" gewidmet, der „dous frunz et II figures" hatte. (V. 3534—38.)

V. 2559. Diese Zeitbestimmung fehlt bei W., der nur sagt V. 2099: Puis a lonc tans tenu l' onor. G. v. M., M. Brt. und Laȝ. geben jedoch auch eine 5jährige Regierungszeit an.

V. 2562. W. 2108: Margan, M. Brt. 3567: Margans, G. v. M. XV: Marganus, Laȝ. 160, 4: Morgan.

V. 2563. W. 2108: Cinedagius, M. Brt. 3567: Cunedages, G. v. M.: Cunedagius, Laȝ. 160,4: Cunedagius. —

Die Geschichte des Ferrex und Porrex liefert den Stoff zur ersten englischen Tragödie „Gorboduc or Ferrex and Porrex" von Thomas Nortone und Thomas Sackvylle. Sie ist in unserer Chronik V. 2648—95 enthalten:

Garbodyan had two sones,
Ful envyous that yit men moues
The eldest he hight Sire Ferreus;
That other men calde Porreus;
Might ther nevere be pes theym bytwene
In non acord bot evere tene.
The while ther fader was on lyve,
For the royalme gon they to stryve;

Inner Temple Ms.:

2649. *Fulle envyous that yit of mones.** 2650. *he* fehlt. 2652. *Might neuere pes be tham betuene.** 2653. *Ne non acorde bot ever tene.** 2654. *To whiles, fadere, olyve.* 2655. *reume gan thei stryve.*

Al thus they ferde with gret envye,
Whilk scholde have the seignurie.
Porrex was yongest and most felon,
His thought was ay upon treson,
Where thorow he moughte his brother slo.
That other herd that dide hym to go
Forth into Fraunce for doute of gyle.
The kyng Syward he served a while
And gadered ther god party.
With schipes com over baldely
And til his brother gaf bataille
And deyde sone, hit myght nought vaille,
Bot at the firste was he slayn
And al his folk, knyght and swayn.
Iudon, ther moder, herde wel, how
That the ton that othere slow.
Scheo lovede mykel the slayn brother,
And dedlyk hated sche that other;
For als unkyndely als they wrought,
Therfore unkyndenesse sche thought.
A nyght hure sone to bedde was gon,
On hym com his moder Judon.
Ilk of hure maydenes a knyf she bar,
Porrex throte atwo sche schar
And on peces hym al tohewe,
Swylk a vengeaunce noman knewe.
Longe was spoken of this chaunce
Of Judon and of hure vengeaunce.
When thyse brether thus were bygon,
Eyr of blod was ther non,
That oughte have the heritage,
Was ther non left of ryght lynage;
Bot to fyve kynges they lefte the lond
That fourty wynter the werre fond.

Inner Temple Ms.:

V. 2656—57 fehlen ganz. 2658. *eldest* ist ein Versehen des Schreibers. 2660. *Ther thorgh he thouht his*. 2661. *The tother, did.* 2662. *forth* fehlt. 2663. *Siwarde*. 2664. *gadred ther a partie*. 2665. *schippes*. 2667. *died, it myght no vaile*. 2670. *Judon his mother*. 2673. *dedely*. 2675. *an unkyn[den]es she thouht*. 2676. *bed*. 2678. *she* fehlt. 2680. *hym* fehlt. 2682. *Long men spak*. 2684. *gon* = *bygon*. 2685. *here of blude*. 2686. *myght*. 2687. *Was nouht left of the right lynage.** 2688. *Tille fyve kynges left the lond.** 2689. *were*.

Ilk of them that most was of myght
Bynam that other of his right.
Mesure ne lawe ne held noman,
Bot whoso myghte of other wan.
That rychest were most bar them stout,
In love ne in lawe wold non of hem lout.

Anmerkungen.

V. 2648. G. v. M. II, 16: Gorbodug; W. 2185: Gorbodiabo. Laȝ. 167, 9: Gorbodiago, seine 5jährige Regierung nur bei Laȝ. 167, 10 erwähnt.

V. 2650. G. v. M.: Ferrex; W. 2187: Ferréus, 2227: Ferex; Laȝ. 167, 13: Freus [Ferreus.].

V. 2651. G. v. M.: Porrex; W. 2188: Porréus, 2227: Porrés; Laȝ. 167, 14: Poreus.

V. 2663. G. v. M.: Suardus; W. 2202: Suhart; Laȝ. 168, 21: Sward; statt a while bei Laȝ. 7 Jahre.

V. 2670. G. v. M.: Widen; W. 2209: Luclon; Laȝ. 170, 11: Judon. Letzterer erwähnt allein deren Ende durch Ersäufen im Meere.

V. 2678. Laȝ. 171, 5 allein giebt die Zahl derselben als 6 an.

V. 2690. Die Fixierung der Dauer der gegenseitigen Fehden auf 40 Jahre findet sich nur bei Br., der diesen Kampf V. 2690—95 schildert. Diesen Versen entsprechen bei W. V. 2231—40:

Li rice home se guerroièrent,
Li fort les foibles essillèrent,
Cascuns, solonc ce qu'il pooit,
Ses povres voisins conquerroit.
N'i avoit qui tenist droiture,
Ne qui gardast loi ne mesure;
Li un les autres traïssoient
Nès li parant s'antrocioient
Por lor avoir et por lor terres
Partot avoit de morteus guerres.

Diesen entsprechen bei Laȝ. die Verse 172, 7—173, 4. Alle Quellen zeigen in dieser ganzen Geschichte eine grosse Übereinstimmung.

Inner Temple Ms.:

2690. *that mast myght* = *that most etc.* 2691. *Benam the powere of his myght.** 2692. *no lawe held no mañ.* 2693. *nam.* 2694. *bare, stoute.* 2995. *In lawe ne luf wald non loute.**

Vita.

Ich wurde am 12. Oktober 1861 zu Kriebitzsch in Sachsen-Altenburg geboren als Sohn des Gutsbesitzers Valentin Zetsche und dessen Ehefrau Albine Zetsche geb. Uhlemann. Nachdem ich meinen ersten Unterricht in der Dorfschule meines Heimatorts genossen, besuchte ich mit meinem 12. Lebensjahre die Herzogliche Realschule zu Altenburg. Ostern 1879 ging ich auf die Realschule I. O. zu Borna, wo ich Ostern 1881 mein Maturitätsexamen bestand. Den 1. April desselben Jahres bezog ich die Universität Berlin, woselbst ich zugleich meiner Militärpflicht genügte. Seit Sommersemester 1882 war ich an der hiesigen Universität immatrikuliert und besuchte die Vorlesungen der Herren Professoren und Docenten: Arndt, v. Bahder, Ebert, Heinze, Hofmann, Kögel, Settegast, Techmer, Wülker, Zarncke, sowie die Seminarien der Herren Professoren v. Bahder, Masius, Zarncke. Das Sommersemester 1885 nahm ich einen 7monatlichen Aufenthalt in London, um mich in der englischen Sprache zu vervollkommnen und im Britischen Museum mich eingehenderen Studien und den Vorarbeiten vorliegender Dissertation zu widmen.

Es sei mir noch gestattet, hierbei meiner angenehmsten Pflicht Ausdruck zu geben und den genannten Herren Docenten für die vielseitige Anregung, die mir in ihren Vorlesungen zu Teil wurde, vor allem aber dem Herrn Prof. Dr. R. P. Wülker, der mir während des Entstehens dieser Arbeit immer mit Rat und That zur Seite stand, meinen wärmsten Dank auszusprechen.

Aemilius William Zetsche.

Berichtigungen.

Pag. 20	Zeile 17	statt:	Donvalomoloninus — Donvalomolinus
„ 33	„ 19	„ :	ywene — y wene
„ 36	„ 7	„ :	altes — alter

www.ingramcontent.com/pod-product-compliance
Lightning Source LLC
Chambersburg PA
CBHW031442270326
41930CB00007B/834

* 9 7 8 3 3 3 7 2 4 8 7 2 7 *